भारतदुर्दशा

भारतदुर्दशा

भारतेन्दु हरिश्चन्द्र

सम्पादक

प्रशान्त रमण रवि

आलेख

योगेन्द्रनाथ मिश्र

वाणी प्रकाशन

प्रकाशन के उत्कृष्टतम 62 वर्ष

vaniprakashan.com

सजिल्द संस्करण : 2025

वाणी प्रकाशन

4695, 21-ए, दरियागंज, नयी दिल्ली-110 002

फ़ोन : +91 11 23273167, 23275710

शाखाएँ

अशोक राजपथ, पटना-800 004, बिहार

कॉफ़ी हाउस कैम्पस, महात्मा गांधी मार्ग, प्रयागराज-211 001, उत्तर प्रदेश

महात्मा गांधी अन्तरराष्ट्रीय हिन्दी विश्वविद्यालय, वर्धा-442 001, महाराष्ट्र

sales@vaniprakashan.in
vaniprakashan@gmail.com

Bharatdurdasha
by Bhartendu Harishchandra
edited by Prashant Raman Ravi

ISBN : 978-93-5072-827-7
Play

मूल्य : ₹ 250

आर. टेक ऑफ़सेट प्रिंटर्स, दिल्ली-110 032 में मुद्रित

वाणी प्रकाशन का लोगो मक़बूल फ़िदा हुसैन की कूची से

अनुक्रम

भूमिका

19वीं सदी के अन्तिम चरण में जब भारत अपने सांस्कृतिक, आर्थिक और राजनीतिक अस्तित्व के लिए संघर्ष कर रहा था, तब साहित्य का स्वर राष्ट्रवादी भावनाओं का वाहक बन चुका था। इसी समयकाल में भारतेन्दु हरिश्चन्द्र द्वारा रचित 'भारतदुर्दशा' नाटक ने भारतीय साहित्य के परिदृश्य में एक अद्वितीय स्थान प्राप्त किया। यह नाटक केवल साहित्यिक कृति नहीं है, बल्कि एक जागरूक विचारधारा का शिल्प है, जो भारतीय समाज के आत्म-विश्लेषण और राष्ट्रीयता की गूँज बनकर उभरता है। भारतेन्दु ने इस नाटक के माध्यम से भारत के सामूहिक अवचेतन को झकझोरा और एक बेहतर नागरिक बनकर देश की प्रगति में अपना योगदान देने के लिए प्रेरित किया।

19वीं सदी का भारत एक ऐसे मोड़ पर खड़ा था, जहाँ एक ओर औपनिवेशिक शासन के तले भारतीय संस्कृति, अर्थव्यवस्था और राजनीति दम तोड़ रही थी, वहीं दूसरी ओर एक नवजागरण की लौ भी धीरे-धीरे प्रज्वलित हो रही थी। ब्रिटिश साम्राज्य की नीतियों ने भारतीय समाज को विभाजित, निराश और आर्थिक रूप से तबाह कर दिया था। भारतेन्दु के लिए यह समय न केवल लेखन का अवसर था, बल्कि एक विचारशील हस्तक्षेप का भी समय था। 'भारतदुर्दशा' इसी हस्तक्षेप का परिणाम है, जिसमें वे भारत की स्थिति को केवल एक काल्पनिक नाटक के रूप में नहीं, बल्कि एक जीवन्त सामाजिक दस्तावेज़ के रूप में प्रस्तुत करते हैं।

'भारतदुर्दशा' केवल एक नाटक नहीं है, यह भारतेन्दु की राष्ट्रीय और सांस्कृतिक चेतना का प्रतीक है। भारतेन्दु भारतीय समाज की दुर्दशा से विचलित थे, और इस नाटक के माध्यम से उन्होंने अपनी पीड़ा और चिन्ताओं को बहुत मार्मिक ढंग से व्यक्त किया। भारतेन्दु का मानना था कि यदि भारतीय समाज को इस दयनीय

स्थिति से बाहर आना है, तो उसे अपनी सांस्कृतिक और नैतिक जड़ों की ओर लौटना होगा। उन्होंने इस नाटक के माध्यम से भारतीय समाज को यह सन्देश दिया कि देश की दुर्दशा के लिए केवल ब्रिटिश शासन ज़िम्मेदार नहीं है, बल्कि भारतीय समाज के आन्तरिक दोष भी इसके लिए कम उत्तरदायी नहीं हैं। उनकी दृष्टि में भारत की उन्नति केवल तभी सम्भव है जब समाज के सभी वर्ग एकजुट होकर देश के हित में कार्य करें।

'भारतदुर्दशा' आकार में जितना छोटा नाटक है, वस्तु की सघनता, संवेदना की गहराई तथा महत्त्व की दृष्टि से उतना ही बड़ा है। इस नाटक में कुल छह अंक हैं तथा 19 पात्र हैं : 1. एक योगी, 2. भारत, 3. निर्लज्जता, 4. आशा, 5. भारतदुर्दैव, 6. सत्यानाश फौजदार, 7. रोग, 8. आलस्य, 9. मदिरा, 10. अन्धकार, 11. सभापति, 12. बंगाली सभ्य (सदस्य), 13. महाराष्ट्री सभ्य, 14. एडिटर, 15. कवि, 16. पहला देशी, 17. दूसरा देशी, 18. डिसलायलटी (देशद्रोह), 19. भारतभाग्य।

इनमें से भारत, निर्लज्जता, आशा, भारतदुर्दैव, रोग, आलस्य, मदिरा, अन्धकार, डिसलायलटी तथा भारतभाग्य अमूर्त पात्र हैं और इनका मानवीकरण किया गया है।

'भारतदुर्दशा' भारतेन्दु की राष्ट्रीय चेतना को प्रतिबिम्बित करने वाला नाटक है। इस नाटक की सबसे बड़ी विशेषता इसका प्रतीकात्मक स्वरूप है। भारतभाग्य जो इस नाटक का मुख्य पात्र हैं, वह पूरे राष्ट्र का प्रतीक है। उसकी पीड़ा भारत की पीड़ा है, उसकी असहायता भारत की असहायता है, उसकी विवशता पूरे भारत की विवशता है। लेकिन महत्वपूर्ण बात यह है कि यह नाटक केवल शोकगीत नहीं है। भारतभाग्य का विलाप हमें देश के दु:ख से अवगत कराता है, लेकिन इसी विलाप के बीच से उठता है संघर्ष का आह्वान, पुनरुत्थान का सन्देश। भारतभाग्य के संवाद और उसके आँसू भारतीय समाज के विभिन्न वर्गों के संकटों को भी दर्शाते हैं। यहाँ किसान, व्यापारी, और आम जनता की आर्थिक और सामाजिक कठिनाइयों को एक सांकेतिक रूप में प्रस्तुत किया गया है, जो राष्ट्र की सम्पूर्ण स्थिति का प्रतिनिधित्व करते हैं।

नाटक में भारतभाग्य का विलाप एक क्रान्तिकारी सन्देश के रूप में बदलता है, जिसमें वह समाज को जागरूक करता है कि केवल दु:ख में डूबे रहना समाधान नहीं है, बल्कि देश की मुक्ति और पुनरुत्थान के लिए संगठित प्रयास करना आवश्यक है।

भारतेन्दु का 'भारतदुर्दशा' उस समय की ब्रिटिश नीतियों पर एक तीखा व्यंग्य है। भारत के आर्थिक और सांस्कृतिक शोषण का जो वर्णन इस नाटक में मिलता है, वह केवल तत्कालीन समय के लिए ही नहीं, बल्कि यह एक कालजयी चेतावनी है कि किस प्रकार विदेशी हस्तक्षेप किसी भी देश की आत्मा को क्षति पहुँचा सकता है। अंग्रेजों द्वारा भारत के व्यापार, उद्योग और कृषि का विनाश स्पष्ट रूप से नाटक के कथानक में बुना गया है। नाटक में भारतभाग्य द्वारा व्यक्त की गयी व्यथा यह समझने में मदद करती है कि कैसे आर्थिक शोषण के माध्यम से एक राष्ट्र की सांस्कृतिक धरोहर को भी मिटाया जा सकता है। लेकिन यहाँ भारतेन्दु केवल औपनिवेशिक शक्तियों को दोषी नहीं ठहराते; वे भारतीय समाज के आन्तरिक दोषों की भी गहरी आलोचना करते हैं। वे दिखाते हैं कि भारतीय समाज में व्याप्त आपसी फूट, जातिगत भेदभाव और अज्ञानता भी देश की दुर्दशा के लिए ज़िम्मेदार हैं। इस प्रकार, 'भारतदुर्दशा' में आन्तरिक और बाहरी शोषण का मिश्रण एक समग्र सामाजिक आलोचना के रूप में हमारे सामने उभरता हुआ दिखाई देता है।

'भारतदुर्दशा' की भाषा नाटक को एक विशेष स्थान दिलाती है। भारतेन्दु की भाषा केवल शब्दों का संग्रह नहीं है; यह संवेदनाओं का सजीव चित्रण है। इस नाटक में भाषा की सादगी और गहनता एक साथ देखने को मिलती है। उनके संवादों में पीड़ा और संघर्ष का सन्तुलन है, जो दर्शकों को न केवल भारत के दुःख से जोड़ता है, बल्कि उन्हें विचार करने के लिए भी प्रेरित करता है। भारतेन्दु ने व्यंग्य और प्रतीकात्मकता का अत्यन्त कुशलता से उपयोग किया है। उनके संवाद केवल अंग्रेज़ी शासन की नीतियों की आलोचना नहीं करते, बल्कि भारतीय समाज को भी आत्मावलोकन करने के लिए विवश करते हैं। वे भारतीयों को यह सन्देश देने की कोशिश करते हैं कि यदि वे स्वयं संगठित नहीं होंगे, तो उनका भविष्य हमेशा अन्धकारमय ही रहेगा।

'भारतदुर्दशा' की प्रासंगिकता केवल 19वीं सदी तक सीमित नहीं है। आज भी जब भारतीय समाज आर्थिक, सांस्कृतिक और राजनीतिक चुनौतियों का सामना कर रहा है, यह नाटक हमें यह सिखाता है कि राष्ट्रीय एकता और सांस्कृतिक पुनरुत्थान ही किसी देश की सच्ची प्रगति के मार्ग हैं। भारतेन्दु का यह नाटक एक दर्पण की तरह कार्य करता है, जो हमें अपने समाज की कमज़ोरियों और सम्भावनाओं को दिखाता है। आज भी जब हम आर्थिक असमानता, सांस्कृतिक-धार्मिक विभाजन और राजनीतिक उथल-पुथल का सामना कर रहे हैं, 'भारतदुर्दशा' हमें यह याद

दिलाता है कि किसी भी राष्ट्र की दुर्दशा से मुक्ति केवल आत्म-चिन्तन और संगठित प्रयासों से ही सम्भव है।

'भारतदुर्दशा' न केवल एक नाटक है, बल्कि एक क्रान्तिकारी विचारधारा का प्रतीक है। यह नाटक हमें यह समझने में मदद करता है कि किसी राष्ट्र की असली प्रगति केवल बाहरी शोषण से मुक्ति से नहीं, बल्कि आन्तरिक सुधार, सांस्कृतिक जागरूकता और नैतिक पुनरुत्थान से ही सम्भव है। भारतेन्दु हरिश्चन्द्र की यह कृति आज भी एक प्रेरणा है, जो हमें अपने समाज और राष्ट्र के भविष्य के लिए सजग रहने का सन्देश देती है।

–प्रशान्त रमण रवि

सहायक प्रोफ़ेसर, हिन्दी विभाग गवर्नमेंट पी.जी. कॉलेज,

चम्बा, हिमाचल प्रदेश

Email : raviraman0076@gmail.com

भारतदुर्दशा
हिंदी का प्रथम राष्ट्रीय चेतना का नाटक

भारतेन्दु हरिश्चन्द्र नवजागरण की उपज हैं। इसी लिए उनकी गद्य-रचनाओं में नवजागरण की सारी विशेषताएँ मिलती हैं। हिंदी साहित्य की गद्य-विधाओं का उद्भव काल भारतेंदु युग ही है। आचार्य रामचंद्र शुक्ल के अनुसार गद्य-रचना के अंतर्गत भारतेंदु का ध्यान पहले नाटकों की ओर गया। भारतेंदु के छोटे-बड़े, पूर्ण-अपूर्ण नाटकों की संख्या 15 से 18 तक बताई जाती है।

कालक्रमानुसार भारतेंदु के अनूदित तथा मौलिक नाटक इस प्रकार हैं :

(क) अनूदित नाटक :

1. विद्यासुंदर : संस्कृत नाटक 'चौरपञ्चाशिका' के आधार पर रचित बंगला नाटक 'विद्यासुंदर' का भावानुवाद, रचनाकाल संवत् 1925।
2. रत्नावली : महाकवि हर्ष के संस्कृत नाटक का अनुवाद, रचनाकाल संवत् 1925।
3. पाखंडविडंबन : संस्कृत नाटक 'प्रबोधचन्द्रोदय' के 'पाखण्डविडम्बन' नामक तीसरे अंक का अनुवाद, रचनाकाल संवत् 1925।
4. धनंजयविजय : मूल संस्कृत नाटक का अनुवाद, रचनाकाल संवत् 1930।
5. मुद्राराक्षस : मूल संस्कृत नाटक 'मुद्राराक्षस' का अनुवाद, रचनाकाल संवत् 1932।
6. कर्पूरमंजरी : राजशेखरकृत प्राकृत नाटक का अनुवाद, रचनाकाल, संवत् 1936।
7. दुर्लभ बंधु : शेक्सपियर के नाटक 'मर्चेन्ट ऑफ वेनिस' का अनुवाद, रचनाकाल संवत् 1937।

(ख) मौलिक नाटक :

8. प्रवास (संवत् 1925 – नाटक – अप्राप्य)
9. वैदिकी हिंसा हिंसा न भवति (संवत् 1932 – प्रहसन)
10. सत्यहरिश्चंद्र (संवत् 1932 – नाटक)
11. प्रेमयोगिनी (संवत् 1932 – नाटिका)
12. विषस्य विषमौषधम् (संवत् 1932 – भाण – अपूर्ण)
13. चंद्रावली (संवत् 1932 – नाटिका)
14. भारतदुर्दशा (संवत् 1933 – नाट्यरासक या लास्यरूपक)
15. भारतजननी (संवत् 1934 – ऑपेरा)
16. नीलदेवी (संवत् 1934 – गीतिरूपक)
17. अंधेरनगरी (संवत् 1935 – प्रहसन)
18. सतीप्रताप (संवत् 1941 – गीतिरूपक)

(वर्गीकरण के साथ यह सूची डॉ. कुँवर चंद्रप्रकाश सिंह की पुस्तक 'नाटककार भारतेंदु और उनका युग' से ली गई है। संभव है, अनूदित और मौलिक का यह वर्गीकरण निर्दोष न हो।)

आचार्य रामचंद्र शुक्ल ने अपने इतिहास में सिर्फ 15 नाटकों का ही नामोल्लेख किया है। 'दुर्लभ बंधु', 'रत्नावली' तथा 'प्रवास' के नाम शुक्लजी ने अपनी सूची में नहीं दिए हैं तथा 'सत्यहरिश्चंद्र' नाटक को अनूदित माना है। जबकि दूसरे लोगों ने 'सत्यहरिश्चंद्र' को मौलिक नाटक माना है। इनके कारणों को जानना एक गंभीर खोज का विषय हो सकता है। डॉ. कुँवर चंद्रप्रकाश सिंह ने अपनी पुस्तक 'नाटककार भारतेंदु और उनका युग' में बाबू ब्रजरत्नदास का हवाला देते हुए इसके कारणों पर थोड़ा प्रकाश डाला है। परंतु एक बात समझ में नहीं आती कि चंद्रप्रकाशजी ने यह बात कैसे लिखी है कि आचार्य शुक्ल ने 'भारतजननी' का उल्लेख नहीं किया। जबकि बात ऐसी नहीं है। शुक्लजी ने अनूदित नाटकों की सूची में 'भारतजननी' को शामिल किया है।

अब बात 'भारतदुर्दशा' की। 'भारतदुर्दशा' आकार में जितना छोटा नाटक है, वस्तु की सघनता, संवेदना की गहराई तथा महत्त्व की दृष्टि से उतना ही बड़ा है। इस नाटक में कुल छ अंक हैं तथा 19 पात्र हैं : 1. एक योगी, 2. भारत, 3. निर्लज्जता, 4. आशा, 5. भारतदुर्दैव, 6. सत्यानाश फौजदार, 7. रोग, 8. आलस्य, 9. मदिरा, 10. अंधकार, 11. सभापति, 12. बंगाली सभ्य (सदस्य),

13. महाराष्ट्री सभ्य, 14. एडिटर, 15. कवि, 16. पहला देशी, 17. दूसरा देशी, 18. डिसलायलटी (देशद्रोह), 19. भारतभाग्य। उनमें से भारत, निर्लज्जता, आशा, भारतदुर्दैव, रोग, आलस्य, मदिरा, अंधकार तथा डिसलायलटी, भारतभाग्य अमूर्त पात्र हैं। उनका मानवीकरण किया गया है। नाटक को पढ़ते हुए इस बात का सहज ही अनुमान किया जा सकता है कि भारतेंदु हरिश्चंद्र अपने समय के भारतीय जन जीवन तथा जनमानस की दुर्दशा को लेकर कितने व्यथित रहे होंगे!

'भारतदुर्दशा' भारतेंदु की राष्ट्रीय चेतना को प्रतिबिंबित करने वाला नाटक है। भारतेंदु की राष्ट्रीय चेतना को समझने के लिए उस समय की राजनीतिक परिस्थिति पर दृष्टि डालना जरूरी है। भारतेंदु के जन्म के समय तक पूरे देश में कंपनी का शासन स्थापित हो चुका था। पराजित देशी राजा, सामंत, जमींदार सभी अपना स्वार्थ सिद्ध करने तथा व्यक्तिगत लाभ के लिए कंपनी सरकार के पिट्ठू बन गए थे। नए विदेशी शासन को स्वीकार कर लेना उनकी विवशता थी।

भारतेंदु के समय में एक तरफ भारत का गौरवशाली अतीत था, तो दूसरी तरफ दीन-हीन मृतप्राय उसका वर्तमान! नाटक के पहले अंक में भारतेंदु लिखते हैं – *'सबसे पहिले जेहि ईश्वर धन बल दीनो ... सबसे पहिले विद्याफल जिन गहि लीनो।'* लेकिन वही आज सबसे पीछे हो गया है। प्रश्न यह है कि ऐसा क्यों और कैसे हुआ? भारतेंदु कहते हैं कि इसके मूल में हमारा आपसी कलह है। इतिहास इसका गवाह है कि उस समय तक अखंड भारत की कोई परिकल्पना न थी। अखिल भारतीय 'राष्ट्रीय-चेतना' न थी। उस समय तक भारत में राजनीतिक राष्ट्रवाद नहीं था। पूरा भारत असंख्य छोटी-बड़ी रियासतों में बँटा हुआ था। सभी रियासतें अपने राज्य के विस्तार तथा अहंकार के चलते एक-दूसरे से लड़ा करती थीं। यहाँ तक कि अपने पड़ोसी को सबक सिखाने के लिए विदेशी ताकतों को आमंत्रित करने से भी कोई हिचकता न था। आपसी कलह की वजह से ही इस देश में मुस्लिम आक्रमणकारियों का प्रवेश हुआ। कालांतर में जिन्होंने इस देश की सामाजिक, राजनीतिक, धार्मिक – सभी व्यवस्था को छिन्न-भिन्न कर दिया – *लरि बैदिक जैन डुबाई पुस्तक सारी। करि कलह बुलाई जवनसैन पुनि भारी। तिन नासी बुधि बल विद्या धन बहु बारी। छाई अब आलस कुमति कलह अँधियारी। भए अंध पंगु सब दीन हीन बिलखाई। हा हा भारतदुर्दशा न देखी जाई।*

उसके बाद अँगरेज आए। वे यहाँ व्यापारी के रूप में आए; परंतु अपने लिए यहाँ की स्थितियों को अनुकूल पाकर बाद में यहाँ के शासक बन गए। मुस्लिम

शासकों ने इस देश को सत्त्वहीन तो कर ही दिया था। बाकी का काम अंग्रेजों ने पूरा कर दिया। पूर्व शासकों के मुकाबले अंग्रेजों के शासन में व्यवस्था थोड़ी सुधरी। लोगों को थोड़ी राहत महसूस हुई; परंतु अंग्रेज तो यहाँ व्यापार करने आए थे – धन कमाने आए थे। उन्होंने वही किया। यहाँ से धन बटोरकर वे अपने देश भेजने लगे – *अँगरेज राज सुख साज सजे सब भारी। पै धन बिदेश चलि जात इहै अति ख्वारी।*

दूसरे अंक में 'भारत' का प्रवेश होता है। (*फटे कपड़े पहिने, सिर पर अर्ध किरीट, हाथ में टेकने की छड़ी, शिथिल अंग*) वह अपनी अवदशा से अत्यंत दुखी है। उसे 'महाभारत' का दुर्योधन याद आता है : एक वह अकेला वीर पुरुष था, जिसने श्रीकृष्ण से कहा था कि बिना युद्ध के सूई की नोंक बराबर भी जमीन नहीं दूँगा; और आज हमारे बीस करोड़ पुत्र हैं, जिन्होंने आक्रमणकारियों को पूरा का पूरा देश दे दिया। आज हमारे पुत्रों की योग्यता, विद्या, सभ्यता, उद्योग, उदारता, धन, बल, मान, दृढ़चित्तता, सत्य – सब कहाँ चला गया? 'भारत' अपने दुर्दैव (भारतदुर्दैव) से इतना डरा हुआ है कि उससे भागता फिरता है। उसे अपनी रक्षा का कोई उपाय नहीं दिखता। उसके बीस करोड़ सुत स्वयं अनाथ बनकर भटक रहे हैं। उसे उम्मीद थी कि राजराजेश्वरी विजयिनी महारानी विक्टोरिया की मदद मिलेगी। परंतु उनके भी वादे निरर्थक सिद्ध हुए। उन्होंने कंपनी के हाथ से भारत का शासन अपने हाथ में लेते समय जो घोषणाएँ की थीं, सब निरर्थक सिद्ध हुईं। फिर भी भारत को उन्हीं से आशा है : *'मातः, राजराजेश्वरी विजयिनी! मुझे बचाओ। अपनाए की लाज रक्खो।'*

भारत निराशा और हताशा से घिर जाता है : *'हाय! परमेश्वर वैकुंठ में बैठे हैं और राजराजेश्वरी सात समुद्र पार।'* वह मूर्छित होकर गिर जाता है। तभी निलज्जता का प्रवेश होता है। जब साहस और स्वाभिमान पूरी तरह से नष्ट हो जाता है, तब व्यक्ति को कायरता घेर लेती है। वह निर्लज्ज हो जाता है। सारी प्रतारणाएँ सहकर भीख माँगकर भी यदि खाना मिले, तो उसे कायर और निर्लज्ज व्यक्ति स्वीकार कर लेता है। मरने के लिए साहस की जरूरत पड़ती है। लेकिन भारत ऐसा भी नहीं कर सका। वह सारी प्रतारणाएँ सह रहा है तथा अपमानित जीवन जिए जा रहा है।

तीसरे अंक में 'भारतदुर्दैव' का प्रवेश होता है। भारतेंदु ने मुस्लिम तथा अँगरेज शासकों को 'भारतदुर्दैव' के रूप में चित्रित किया है; क्योंकि भारत की दुर्दशा के लिए ये ही जिम्मेदार हैं। 'भारतदुर्दैव' नाचते हुए जो गीत गाता है, उसमें भारतेंदु भारत की क्या-क्या दुर्दशा हुई है – हो रही है और किन कारणों से हो रही

है, इसका वर्णन करते हैं। प्राकृतिक आपदाएँ - सूखा, बाढ़, रोग; आपसी फूट, कलह, वैर - ये सब ऐसे कारण हैं, जिनके चलते भारत पायमाल हो गया। भूखा आदमी कभी भी स्वाभिमानी नहीं हो सकता। वह खुशामदी बन जाता है। कायर और आलसी हो जाता है। भाग्यवादी हो जाता है। संतोषी हो जाता है। संतोषी आदमी अपनी दुरवस्था से उबरने की कोशिश नहीं करता। भारत इसी अवस्था को पहुँच गया है। वह हर तरह के अपमान भी सहने को मजबूर हो गया है। मुसलमान उसे 'काफिर' कहते थे और अँगरेज उसे 'काला' कहकर अपमानित करते हैं :
काफर काला नीच पुकारूँ, तोड़ूँ पैर औ हाथ।

उस जमाने में पूरा भारतीय समाज दो हिस्सों में बँटा हुआ था। एक बड़ा वर्ग अपढ़-गँवारों का था तथा दूसरा वर्ग अँगरेजी पढ़े-लिखों का था। पढ़ा-लिखा वर्ग अँग्रेजों का वफादार (राजभक्त) बन गया तथा दूसरा वर्ग राष्ट्रभक्त। राजभक्तों को सरकार की तरफ से तरह-तरह की सुविधाएँ मिलती थीं। उन सुविधाओं के लालच में वह वर्ग देश के साथ गद्दारी करता था। जबकि राष्ट्रभक्तों को सरकार की तरफ से तरह-तरह से प्रतारणाएँ मिलती थी।

फिर भारतदुर्दैव सत्यानाश फौजदार को बुलाता है। सत्यानाश फौजदार के संवादों के माध्यम से भारतेंदु यह बताना चाहते हैं कि इस देश का सत्यानाश कैसे हुआ है। सबसे पहला कारण वे यह बताते हैं कि धर्म के नाम पर शैव, शाक्त तथा वैष्णव आपस में लड़ते रहे हैं। धर्म के नाम पर पूरा समाज अनेक जातियों में बँट गया। धर्म के नाम पर फैले ऊँच-नीच के भेदभाव ने तथा छुआछूत ने समाज को अंदर ही अंदर खोखला कर दिया। तरह-तरह के विधि-विधान, रीति-रिवाज ने भी समाज का बहुत नुकशान किया है। बाल-विवाह तथा विधवा-विवाह का निषेध करने से समाज में व्यभिचार ही फैला। विदेश-यात्रा पर रोक लगाकर धर्म ने हिंदू समाज को कूपमंडूक बना दिया। इसी तरह फूट, डाह, लोभ, भय, उपेक्षा स्वार्थपरता, पक्षपात, हठ, शोक आदि भारतदुर्दैव की ऐसी सेनाएँ हैं, जिन्होंने भारत को किसी काम का नहीं रहने दिया है।

चौथे अंक में रोग, आलस्य, मदिरा और अंधकार बारी-बारी से प्रवेश करते हैं और अपनी-अपनी विशेषताएँ बताते हैं। पहले रोग का प्रवेश होता है। वह अज्ञान से उत्पन्न भारतवासियों की बीमारियों के नाम गिनाता है - नजर, श्राप (शाप), प्रेत, टोना, टनमन, देवी-देवता आदि; और इन बीमारियों का इलाज भी ओझा, दरसनिए, सयाने, पंडित, सिद्ध लोग करते हैं। उस जमाने में टीका का

आविष्कार हो चुका था। परंतु भारतवासी शीतला के डर से टीका नहीं लगवाते थे; और अपने प्यारे बच्चों के प्राण गँवाते थे। फिर आलस्य का प्रवेश होता है। आलस्य नाम के पात्र के माध्यम से भारतेंदु ने संकेत किया है कि लोग कितने सत्त्वहीन और अकर्मण्य हो चुके थे। जिस देश के लोगों का गुरुमंत्र यह हो कि *'अजगर करे न चाकरी पंछी करे न काम। दास मलूका कह गए सबके दाता राम'*, तो फिर उनके लिए भगवान भी कुछ नहीं कर सकते। आलस्य और निकम्मेपन का एक और नमूना भारतेंदु ने दिया है – *'जो पढ़तव्यं सो मरतव्यं, जो न पढ़तव्यं सो भी मरतव्यं, तब फिर दंतकटाकट किं करतव्यं।'*

फिर मदिरा की बारी आती है। मदिरा-सेवन जैसे आज समस्या है, वैसे ही भारतेंदु के समय में भी समस्या था। मदिरापान कितना हानिकारक है, इसका वर्णन भारतेंदु ने बहुत चुटीले ढंग से किया है – *'मदवा पीले पागल जीवन बीत्यौ जात। बिनु मद जगत सार कछु नाहीं मान हमारी बात। ... हाथी मच्छड़, सूरज जुगनू जाके पिए लखात। ऐसी सिद्धि छोड़ि मन मूरख काहे ठोकर खात।'*

मदिरा के बाद अंधकार का प्रवेश होता है। भारतेंदु ने अंधकार को अज्ञान और जड़ता के प्रतीक के रूप में प्रस्तुत किया है। भारतेंदु यह कहना चाहते हैं कि विदेशी शासक – चाहे वे मुस्लिम शासक हों या ब्रिटिश हुकूमत हो – वे हमारी दुर्दशा का कारण तो हैं ही; परंतु हमारी दुर्दशा का मूल कारण हमारा आपसी कलह, अविद्या, मोह और मूढ़ता ही है। नहीं तो, दूसरा क्या कारण हो सकता है, जिसके चलते इतना विशाल देश मुट्ठी भर ताकतों के सामने घुटने टेक गया।

पाँचवें अंक में सात सदस्यों की कमेटी की बैठक होती है। सभी भारतदुर्दैव की चढ़ाई से निपटने का उपाय सोचने में लगे हैं। सभी अपनी-अपनी सलाह प्रस्तुत करते हैं। परंतु इसी बीच डिसलायलटी (देशद्रोह) का प्रवेश होता है; और सभी की स्थिति भीगी बिल्ली जैसी हो जाती है। भारतेंदु यह कहना चाहते हैं कि पढ़े-लिखे बौद्धिक लोग सिर्फ बातें कर सकते हैं। वे बातों के शेर होते हैं। परिस्थिति से सामना होने पर वे दुम दबाकर भाग खड़े होते हैं।

छठे और आखिरी अंक में घने वन में एक पेड़ के नीचे भारत अचेत पड़ा है। 'भारतभाग्य' का प्रवेश होता है। वह *'जागो जागो रे भाई...'* का उद्घोष करते हुए भारत को जगाने का प्रयत्न करता है। लेकिन भारत नहीं जागता; और अंत में थक-हारकर निराश होकर भारतभाग्य आत्महत्या कर लेता है। और इस तरह नाटक पूरा हो जाता है।

भारतीय नाट्य-परंपरा में मृत्यु से नाटक का अंत वर्जित माना गया है। परंतु 'भारतदुर्दशा' का अंत मृत्यु से होता है। इस दृष्टि से यह नाटक चर्चा और विवाद का विषय रहा है। एक नाट्यविद् ने इस नाटक को सुखांत सिद्ध करने के इरादे से 'भारतभाग्य' को भारत का छद्म शत्रु और उसकी आत्महत्या को भारत के लिए कल्याणकारी माना है। यह परिकल्पना क्या द्राविड़प्राणायाम तथा दूर की कौड़ी मारने जैसी नहीं लगती! शास्त्रीय दृष्टि से यह नाटक दुखांत हो या सुखांत – इसका अंत जागरण का संदेश देता है, यह निर्विवाद है।

'भारतदुर्दशा' के पहले अंक में 'योगी' तथा आखिरी छठे अंक में 'भारतभाग्य' के रूप में, ऐसा लगता है, भारतेन्दु खुद मौजूद हैं। कुछ लोगों ने इस नाटक के आरंभ और अंत को ध्यान में रखकर इसे निराशावादी तथा दुखांत नाटक माना है। पहले अंक का आरंभ जिस लावनी से होता है, उसकी पहली दो पंक्तियाँ बहुत प्रसिद्ध हैं– *'रोवहु सब मिलिकै आवहु भारत भाई। हा! हा! भारतदुर्दशा न देखी जाई।'* सवाल यह है कि रोने की नौबत कब आती है? निश्चय ही गहरे दुख के क्षणों में व्यक्ति रोता है। मध्यकाल में कबीर भी रोने की बात करते हैं – *'सुखिया सब संसार है खाए अरु सोवे। दुखिया दास कबीर हैं जागे अरु रोवे।'* सोने वाले कभी रोते नहीं। जो जागता है वही रो सकता है; क्योंकि जागने वाला ही सारी परिस्थिति से अवगत होता है। नाटक का आरंभ भले ही रुदन से होता है; परंतु अंत जागरण से होता है : *'जागो जागो रे भाई। सोअत निसि बैस गँवाई। जागो जागो रे भाई।'* भारतेंदु रोने की बात कहकर देश की सोई हुई जनता को जागरण का संदेश देते हैं।

भारतेंदु यह भी जानते हैं कि भारत की दुर्दशा क्यों हुई हैं? और इस दुर्दशा से मुक्ति कैसे होगी। उन सारी कमजोरियों का वर्णन वे पूरे नाटक में करते हैं, जिनके चलते हमारे देश को यह दिन देखना पड़ा है। वे भारतवासियों के समक्ष भारत के गौरवशाली इतिहास का वर्णन (गद्य और पद्य दोनों) अत्यंत उदात्त शैली में करते हैं : *जिस भारतवर्ष का सिर व्यास, वाल्मीकि, कालिदास, पाणिनि, शाक्यसिंह, बाणभट्ट प्रभृति कवियों के नाम मात्र से अभी भी सारे संसार में ऊँचा है, उस भारत की यह दुर्दशा! जिस भारतवर्ष के राजा चंद्रगुप्त और अशोक का शासन रूम* (रोम), *रूस तक माना जाता था, उस भारत की यह दुर्दशा! जिस भारत में राम, युधिष्ठिर, नल, हरिश्चंद्र, रंतिदेव, शिवि इत्यादि पवित्र चरित्र के लोग हो गए, उसकी यह दशा!* उसके मुख पर ऐसी कालिख पुत गई है कि वह कहीं भी मुँह दिखाने के काबिल नहीं है : *'चांडालहु जेहि निरखि घिनाई। रही सबै भुव मुँह मसि लाई।'*

परंतु उसका कारण क्या है? भारतेंदु कहते हैं यह सब हमारी आपसी फूट का परिणाम है – *'लरि बैदिक जैन डुबाई पुस्तक सारी। करि कलह बुलाई जवनसैन पुनि भारी। तिन नासी बुधि बल विद्या धन बहु बारी। छाई अब आलस कुमति कलह अँधियारी। भए अंध पंगु सब दीन हीन बिलाखाई। हा! हा! भारत दुर्दशा न देखी जाई।'*

भारतेंदु को अपनी वर्तमान स्थिति पर इतनी ग्लानि है कि वे उन सबको धिक्कारते हैं, जो हमारे गौरव के प्रतीक हैं : *'कासी प्राग अयोध्या नगरी। दीन रूप सम ठाढ़ी सगरी। + + + हाय पंचनद हा पानीपत। अजहुँ रहे तुम धरनि विराजत। हाय चितौर निलज तुम भारी। अजहुँ खरो भारतहिं मँझारी। जा दिन तुव अधिकार नसायो। सो दिन क्यों नहिं धरनि समायो। + + + पापिनि सरजू नाम धराई। अजहूँ बहत अवधतट जाई।'* धिक्कार के साथ-साथ उनका आक्रोश भी बढ़ता जाता है। वे गंगा और यमुना को धिक्कारते और ललकारते हुए कहते हैं : *'बोरहु भारत भूमि सबेरे। मिटै करक जिय की तब मेरे। अहो भयानक भ्राता सागर। तुम तरंगनिधि अतिबल आगर। बोरे बहु गिरि बन अस्थाना। पै बिसरे भारत हित जाना। बढ़हु न बेगि धाइ क्यों भाई। देहु भारत भुव तुरत डुबाई।'*

कुछ लोग भारतेंदु की राष्ट्रभक्ति पर इस आधार पर प्रश्नचिह्न लगाते हैं कि भारतेंदु ने अँगरेजी राज की प्रशंसा की है। यह विचारणीय मुद्दा है। पहली बात तो यह कि जिस राष्ट्रभक्ति या राष्ट्रप्रेम की बात आज हम करते हैं, वैसी राष्ट्रभक्ति का उदय उस समय तक नहीं हुआ था। अगर गांधीजी की मानें, तो उनके अनुसार 'भारतीय राष्ट्रीय कांग्रेस' की स्थापना के साथ 'नेशन' या 'नेशनल' की भावना प्रकट हुई। (हिंदस्वराज) भारतेंदु के निधन-वर्ष (सन् 1885) में 'भारतीय राष्ट्रीय कांग्रेस' की स्थापना हुई। गांधीजी के शब्दों में कहें, तो *'कांग्रेस ने अलग-अलग जगहों पर हिंदुस्तानियों को इकट्ठा करके 'हम एक राष्ट्र हैं' ऐसा जोश पैदा किया।'* (हिंदस्वराज) इस बात के लिए इतिहास गवाह है कि अँग्रेजों के आगमन के पूर्व देश किस कुशासन और जड़ता के दौर से गुजरा था। भरतीयों के लिए (खासकर हिंदुओं के लिए) उसकी तुलना में अँगरेजी शासन बहुत अच्छा था। इसी लिए भारतेंदु को कहना पड़ा : *'अँगरेज राज सुख साज सजे सब भारी। पै धन बिदेश चलि जात इहै अति ख्वारी।'* आम आदमी – आम नागरिक के लिए सबसे जरूरी है सुशासन। उस पर शासन करने वाला अपना है या पराया, इससे उसे कुछ खास सरोकार नहीं होता। उसे इससे कुछ खास फर्क नहीं पड़ता। भारतेंदु को अँगरेज राज

से कोई शिकायत नहीं है। उसके पहले भी देश पराधीन था। आज भी पराधीन है। फिर भी, उनके लिए राहत की बात यह है कि आज सुशासन है। परंतु, साथ ही इस बात का भी दुख है कि देश का सारा धन विदेश चला जा रहा है। कोई कुछ कर सकने की स्थिति में न था। सारा देश सत्त्वहीन हो चुका था। अँगरेजी शिक्षा के प्रभाव से वह जड़ता धीरे-धीरे टूटने लगी थी। देश का नवशिक्षित वर्ग अपनी स्थिति को समझने लगा था। वह अपनी दुर्दशा के कारणों को समझने लगा था। अपने पतन के कारणों को समझने लगा था। उसके सामने सबसे बड़ी चुनौती थी अपनी कमजोरियों से मुक्ति की। नाटक के छठे अंक में भारतभाग्य (स्वयं भारतेंदु) भारत (अपने देशबंधुओं) से कहता है : *'हाय, भारत भैया, देखो विद्या का सूर्य पश्चिम से उदय हुआ चला आता है। अब सोने का समय नहीं है। अँगरेज का राज पाकर भी न जगे तो कब जागोगे। मूर्खों के प्रचंड शासन के दिन गए। अब राजा ने प्रजा का स्वत्व पहचाना। विद्या की चर्चा फैल चली। सबको सब कुछ कहने सुनने का अधिकार मिला। देश-विदेश से नई विद्या और कारीगरी आई। तुमको उस पर भी वही सीधी बातें, भाँग के गोले, ग्रामगीत, वही बाल्यविवाह, भूत-प्रेत की पूजा, जन्मपत्री की विधि! वही थोड़े में संतोष, गप हाँकने में प्रीति और सत्यानाशी चालें!'*

यही बात भारतेंदु के समकालीन पं. बालकृष्ण भट्ट 'नए तरह का जनून' नामक अपने निबंध में कहते हैं : *'गवर्नमेंट के कानून की जागती ज्योति सोलहों कलापूर्ण जगमगा रही है। न्याय और इनसाफ सबके लिए एक-सा खुला है। शेर-बकरी एक घाट पानी रीते हैं। किसी पर किसी का अन्याय और अत्याचार नहीं चल सकता। एक-एक आदमी आजाद और स्वच्छंद है। ऐसा सुभीता पाकर जब हमने न कुछ किया, तब सिवाय इसके और क्या कहा जाए कि हमारी बराबर घस्सड़ कौम दूसरी कोई नहीं है।'*

भारतेंदु इस बात से खुश हैं कि मूर्खों के प्रचंड शासन के दिन गए। राजा ने प्रजा के स्वत्व को पहचान लिया है और सबको सब कुछ कहने का अधिकार मिला है। कहने की जरूरत नहीं कि 'मूर्खों के प्रचंड शासन' से भारतेंदु का क्या आशय है? उनके लिए इतनी ही खुशी कम नहीं है। इसलिए देशभक्ति तथा देशप्रेम के आज के मानदंड के आधार पर भारतेंदु को राजभक्त कहकर उनके महत्त्व को कम करना उनके साथ ज्यादती ही कही जाएगी।

आज से 140 साल पहले लिखा गया यह लघु नाटक अपनी गहन संवेदना, विषय-वस्तु की व्यापकता तथा प्रभावोत्पादक शैली के चलते क्या आज भी

प्रासंगिक नहीं लगता? क्या आज भी हम आर्थिक गुलामी के शिकार नहीं हैं? क्या आज हम टोना-टोटका, धार्मिक अंधविश्वास, मंदिर-मस्जिद के झगड़े, बेईमानी, भ्रष्टाचार, लूट-खसोट, आपसी वैर-विरोध, सामाजिक कलह, जातिगत भेदभाव से मुक्त हो चुके हैं? यदि नहीं तो यह नाटक आज भी ललकारता और धिक्कारता है।

योगेन्द्रनाथ मिश्र

॥ भारतदुर्दशा ॥

॥ मंगलाचरण ॥

जय सतजुग-थापन-करन, नासन म्लेच्छ-आचार।
कठिन धार तरवार कर, कृष्ण कल्कि अवतार ॥

पहिला अंक

स्थान - बीथी

(एक योगी गाता है)

(लावनी)

रोअहु सब मिलिकै आवहु भारत भाई।
हा हा! भारतदुर्दशा न देखी जाई ॥ ध्रुव ॥
सबके पहिले जेहि ईश्वर धन बल दीनो।
सबके पहिले जेहि सभ्य विधाता कीनो ॥
सबके पहिले जो रूप रंग रस भीनो।
सबके पहिले विद्याफल जिन गहि लीनो ॥
अब सबके पीछे सोई परत लखाई।
हा हा! भारतदुर्दशा न देखी जाई ॥
जहँ भए शाक्य हरिचंदरु नहुष ययाती।
जहँ राम युधिष्ठिर बासुदेव सर्याती ॥
जहँ भीम करन अर्जुन की छटा दिखाती।
तहँ रही मूढ़ता कलह अविद्या राती ॥
अब जहँ देखहु दुःखहिं दुःख दिखाई।

हा हा! भारतदुर्दशा न देखी जाई ॥
लरि बैदिक जैन डुबाई पुस्तक सारी।
करि कलह बुलाई जवनसैन पुनि भारी ॥
तिन नासी बुधि बल विद्या धन बहु बारी।
छाई अब आलस कुमति कलह अँधियारी ॥
भए अंध पंगु सब दीन हीन बिलखाई।
हा हा! भारतदुर्दशा न देखी जाई ॥
अँगरेजराज सुख साज सजे सब भारी।
पै धन बिदेश चलि जात इहै अति ख्वारी ॥
ताहू पै महँगी काल रोग बिस्तारी।
दिन दिन दूने दुःख ईस देत हा हा री ॥
सबके ऊपर टिक्कस की आफत आई।
हा हा! भारतदुर्दशा न देखी जाई ॥

(पटोत्तोलन)

◆◆◆◆◆

दूसरा अंक

स्थान—श्मशान, टूटे-फूटे मंदिर

कौआ, कुत्ता, स्यार घूमते हुए, अस्थि इधर-उधर पड़ी है।

(भारत* का प्रवेश)

भारत : हा! यही वही भूमि है जहाँ साक्षात् भगवान् श्रीकृष्णचंद्र के दूतत्व करने पर भी वीरोत्तम दुर्योधन ने कहा था, 'सूच्यग्रं नैव दास्यामि विना युद्धेन केशव' और आज हम उसी को देखते हैं कि श्मशान हो रही है। अरे यहाँ की योग्यता, विद्या, सभ्यता, उद्योग, उदारता, धन, बल, मान, दृढ़चित्तता, सत्य सब कहाँ गए? अरे पामर जयचंद्र! तेरे उत्पन्न हुए बिना मेरा क्या डूबा जाता था? हाय! अब मुझे कोई शरण देने वाला नहीं। (रोता है) मातः राजराजेश्वरि विजयिनी! मुझे बचाओ। अपनाए की लाज रक्खो। अरे दैव ने सब कुछ मेरा नाश कर दिया पर अभी संतुष्ट नहीं हुआ। हाय! मैंने जाना था कि अँगरेजों के हाथ में आकर हम अपने दुखी मन को पुस्तकों से बहलावेंगे और सुख मानकर जन्म बितावेंगे पर दैव से वह भी न सहा गया। हाय! कोई बचानेवाला नहीं।

(गीत)

कोऊ नहिं पकरत मेरो हाथ।

बीस कोटि सुत होत फिरत मैं हा हा होय अनाथ॥

जाकी सरन गहत सोई मारत सुनत न कोउ दुखगाथ।

दीन बन्यौ इत सों उत डोलत टकरावत निज माथ॥

दिन दिन बिपति बढ़त सुख छीजत देत कोऊ नहिं साथ।

सब विधि दुख सागर मैं डूबत धाइ उबारौ नाथ॥

---

* फटे कपड़े पहिने, सिर पर अर्ध किरीट, हाथ में टेकने की छड़ी, शिथिल अंग।

(नेपथ्य में गंभीर और कठोर स्वर से)

अब भी तुझको अपने नाथ का भरोसा है! खड़ा तो रह। अभी मैंने तेरी आशा की जड़ न खोद डाली तो मेरा नाम नहीं।

भारत : (डरता और काँपता हुआ रोकर) अरे, यह विकराल वदन कौन मुँह बाए मेरी ओर दौड़ता चला आता है? हाय-हाय इससे कैसे बचेंगे? अरे यह तो मेरा एक ही कौर कर जायेगा! हाय! परमेश्वर बैकुंठ में और राजराजेश्वरी सात समुद्र पार, अब मेरी कौन दशा होगी? हाय अब मेरे प्राण कौन बचावेगा? अब कोई उपाय नहीं। अब मरा अब मरा। (मूर्छा खाकर गिरता है)

(निर्लज्जता[1] आती है)

निर्लज्जता : मेरे आछत तुमको अपने प्राण की फिक्र। छिः छिः! जीओगे तो भीख माँग खाओगे। प्राण देना तो कायरों का काम है। क्या हुआ जो धनमान सब गया 'एक जिंदगी हजार नेआमत है।' (देखकर) अरे सचमुच बेहोश हो गया तो उठा ले चलें। नहीं नहीं मुझसे अकेले न उठेगा। (नेपथ्य की ओर) आशा! आशा! जल्दी आओ।

(आशा[2] आती है)

निर्लज्जता : यह देखो भारत मरता है, जल्दी इसे घर उठा ले चलो।

आशा : मेरे आछत किसी ने भी प्राण दिया है? ले चलो; अभी जिलाती हूँ।

(दोनों उठाकर भारत को ले जाते हैं)

◆◆◆◆◆

---

1. जाँघिया–सिर खुला–ऊँची चोली–दुपट्टा ऐसा गिरता पड़ता कि अंग खुले, सिर खुला, खानगियों का सा वेष।
2. लड़की के वेष में।

तीसरा अंक

स्थान–मैदान

(फौज के डेरे दिखाई पड़ते हैं! भारतदुर्दैव* आता है)

भारतदु. : कहाँ गया भारत मूर्ख! जिसको अब भी परमेश्वर और राजराजेश्वरी का भरोसा है? देखो तो अभी इसकी क्या-क्या दुर्दशा होती है।

(नाचता और गाता हुआ)

अरे!
उपजा ईश्वर कोप से औ आया भारत बीच।
छार खार सब हिंद करूँ मैं, तो उत्तम नहिं नीच।
मुझे तुम सहज न जानो जी, मुझे इक राक्षस मानो जी।
कौड़ी कौड़ी को करूँ मैं सबको मुहताज।
भूखे प्रान निकालूँ इनका, तो मैं सच्चा राज। मुझे.
काल भी लाऊँ महँगी लाऊँ, और बुलाऊँ रोग।
पानी उलटाकर बरसाऊँ, छाऊँ जग में सोग। मुझे.
फूट बैर औ कलह बुलाऊँ, ल्याऊँ सुस्ती जोर।
घर घर में आलस फैलाऊँ, छाऊँ दुख घनघोर। मुझे.
काफर काला नीच पुकारूँ, तोड़ूँ पैर औ हाथ।
दूँ इनको संतोष खुशामद, कायरता भी साथ। मुझे.
मरी बुलाऊँ देस उजाड़ूँ महँगा करके अन्न।
सबके ऊपर टिकस लगाऊँ, धन है मुझको छन्न।
मुझे तुम सहज न जानो जी, मुझे इक राक्षस मानो जी।

(नाचता है)

---

* क्रूर, आधा क्रिस्तानी आधा मुसलमानी वेष, हाथ में नंगी तलवार लिए।

अब भारत कहाँ जाता है, ले लिया है। एक तस्सा बाकी है, अबकी हाथ में वह भी साफ है। भला हमारे बिना और ऐसा कौन कर सकता है कि अँगरेजी अमलदारी में भी हिंदू न सुधरें! लिया भी तो अँगरेजों से औगुन! हा हाहा! कुछ पढ़े लिखे मिलकर देश सुधारा चाहते हैं? हहा हहा! एक चने से भाड़ फोड़ेंगे। ऐसे लोगों को दमन करने को मैं जिले के हाकिमों को न हुक्म दूँगा कि इनको डिसलायल्टी में पकड़ो और ऐसे लोगों को हर तरह से खारिज करके जितना जो बड़ा मेरा मित्र हो उसको उतना बड़ा मेडल और खिताब दो। हैं! हमारी पालिसी के विरुद्ध उद्योग करते हैं मूर्ख! यह क्यों? मैं अपनी फौज ही भेज के न सब चौपट करता हूँ। (नेपथ्य की ओर देखकर) अरे कोई है? सत्यानाश फौजदार को तो भेजो।

(नेपथ्य में से 'जो आज्ञा' का शब्द सुनाई पड़ता है)

देखो मैं क्या करता हूँ। किधर-किधर भागेंगे।

(सत्यानाश फौजदार आते हैं)

(नाचता हुआ)

सत्या. फौ. : **हमारा नाम है सत्यानास। आए हैं राजा के हम पास।**
धरके हम लाखों ही भेस। किया चौपट यह सारा देस।
बहुत हमने फैलाए धर्म। बढ़ाया छुआछूत का कर्म।
होके जयचंद हमने इक बार। खोल ही दिया हिंद का द्वार।
हलाकू चंगेजो तैमूर। हमारे अदना अदना सूर।
दुरानी अहमद नादिरसाह। फौज के मेर तुच्छ सिपाह।
हैं हममें तीनों कल बल छल। इसी से कुछ नहिं सकती चल।
पिलावैंगे हम खूब शराब। करैंगे सबको आज खराब।

भारतदु. : अहा, सत्यानाशजी आए। आओ, देखो अभी फौज को हुक्म दो कि सब लोग मिल के चारों ओर से हिंदुस्तान को घेर लें। जो पहले से घेरे हैं उनके सिवा औरों को भी आज्ञा दो कि बढ़ चलें।

सत्या. फौ. : महाराज 'इंद्रजीत सन जो कछु भाखा।' सो सब जनु पहिलहिं करि राखा।' जिनको आज्ञा हो चुकी है वे तो अपना काम कर ही चुके और जिसको जो हुक्म हो, कर दिया जाय।

भारतदु. : किसने किसने क्या क्या किया है?

सत्या. फौ. : महाराज! धर्म ने सबके पहिले सेवा की।

रचि बहु बिधि के वाक्य पुरानन माँहि घुसाए।
शैव शाक्त वैष्णव अनेक मत प्रगटि चलाए॥
जाति अनेकन करी नीच अरु ऊँच बनायो।
खान पान संबंध सबन सों बरजि छुड़ायो॥
जन्मपत्र विधि मिले ब्याह नहिं होन देत अब।
बालकपन में ब्याहि प्रीतिबल नास कियो सब॥
करि कुलीन के बहुत ब्याह बल बीरज मार्यो।
बिधवा ब्याह निषेध कियो बिभिचार प्रचारयो॥
रोकि विलायतगमन कूपमंडूक बनायो।
औरन को संसर्ग छुड़ाइ प्रचार घटायो॥
बहु देवी देवता भूत प्रेतादि पुजाई।
ईश्वर सो सब बिमुख किए हिंदू घबराई॥

भारतदु. : आहा! हाहा! शाबाश! शाबाश! हाँ, और भी कुछ धर्म्म ने किया?

सत्या. फौ. : हाँ महाराज।

अपरस सोल्हा छूत रचि, भोजनप्रीति छुड़ाय।
किए तीन तेरह सबै, चौका चौका छाय॥

भारतदु. : और भी कुछ?

सत्या. फौ. : हाँ।

रचिकै मत वेदांत को, सबको ब्रह्म बनाय।
हिंदुन पुरुषोत्तम कियो, तोरि हाथ अरु पाय॥

महाराज, वेदांत ने बड़ा ही उपकार किया। सब हिंदू ब्रह्म हो गए। किसी को इतिकर्त्तव्यता बाकी ही न रही। ज्ञानी बनकर ईश्वर से विमुख हुए, रुक्ष हुए, अभिमानी हुए और इसी से स्नेहशून्य हो गए। जब स्नेह ही नहीं तब देशोद्धार का प्रयत्न कहाँ! बस, जय शंकर की।

भारतदु. : अच्छा, और किसने किसने क्या किया?

सत्या. फौ. : महाराज, फिर संतोष ने भी बड़ा काम किया। राजा प्रजा सबको अपना चेला बना लिया। अब हिंदुओं को खाने मात्र से काम, देश से कुछ काम नहीं। राज न रहा, पेनसन ही सही। रोजगार न रहा, सूद ही सही। वह भी नहीं, तो घर ही का सही, 'संतोषं परमं सुखं' रोटी ही को सराह सराह के खाते हैं। उद्यम की ओर देखते ही नहीं।

निरुद्यमता ने भी संतोष को बड़ी सहायता दी। इन दोनों को बहादुरी का मेडल जरूर मिलें। व्यापार को इन्हीं ने मार गिराया।

भारतदु. : और किसने क्या किया?

सत्या. फौ. : फिर महाराज जो धन की सेना बची थी उसको जीतने को भी मैंने बड़े बाँके वीर भेजे। अपव्यय, अदालत, फैशन और सिफारिश इन चारों ने सारी दुश्मन की फौज तितिर बितिर कर दी। अपव्यय ने खूब लूट मचाई। अदालत ने भी अच्छे हाथ साफ किए। फैशन ने तो बिल और टोटल के इतने गोले मारे कि अंटाधार कर दिया और सिफारिश ने भी खूब ही छकाया। पूरब से पश्चिम और पश्चिम से पूरब तक पीछा करके खूब भगाया। तुहफे, घूस और चंदे के ऐसे बम के गोले चलाए कि 'बम बोल गई बाबा की चारों दिसा' धूम निकल पड़ी। मोटा भाई बना बनाकर मूँड़ लिया। एक तो खुद ही यह सब पँड़िया के ताऊ, उस पर चुटकी बजी, खुशामद हुई, डर दिखाया गया, बराबरी का झगड़ा उठा, धाँय धाँय गिनी गई[1] वर्णमाला कंठ कराई,[2] बस हाथी के खाए कैथ हो गए। धन की सेना ऐसी भागी कि कब्रों में भी न बची, समुद्र के पार ही शरण मिली।

भारतदु. : और भला कुछ लोग छिपाकर भी दुश्मनों की ओर भेजे थे?

सत्या. फौ. : हाँ, सुनिए। फूट, डाह, लोभ, भय, उपेक्षा, स्वार्थपरता, पक्षपात, हठ, शोक, अश्रुमार्जन और निर्बलता इन एक दरजन दूती और दूतों को शत्रुओं की फौज में हिला मिलाकर ऐसा पंचामृत बनाया कि सारे शत्रु बिना मारे घंटा पर के गरुड़ हो गए। फिर अंत में भिन्नता गई। इसने ऐसा सबको काई की तरह फाड़ा कि धर्म, चाल, व्यवहार, खाना, पीना सब एक एक योजन पर अलग अलग कर दिया। अब आवें बचा ऐक्य! देखें आ ही के क्या करते हैं!

भारतदु. : भला भारत का शस्य नामक फौजदार अभी जीता है कि मर गया? उसकी पलटन कैसी है?

सत्या. फौ. : महाराज! उसका बल तो आपकी अतिवृष्टि और अनावृष्टि नामक फौजों ने बिलकुल तोड़ दिया। लाही, कीड़े, टिड्डी और पाला इत्यादि सिपाहियों ने खूब ही सहायता की। बीच में नील ने भी नील बनकर

---

1. सलामी मिली।
2. पी. आई. ई. आदि उपाधियाँ मिली।

अच्छा लंकादहन किया।

भारतदु. : वाह! वाह! बड़े आनंद की बात सुनाई। तो अच्छा तुम जाओ। कुछ परवाह नहीं, अब ले लिया है। बाकी साकी अभी सपराए डालता हूँ। अब भारत कहाँ जाता है। तुम होशियार रहना और रोग, महर्घ, कर, मद्य, आलस और अंधकार को जरा क्रम से मेरे पास भेज दो।

सत्या. फौ. : जो आज्ञा।

[जाता है]

भारतदु. : अब उसको कहीं शरण न मिलेगी। धन, बल और विद्या तीनों गई। अब किसके बल कूदेगा?

(जवनिका गिरती है)

पटोत्तोलन

◆◆◆◆◆

चौथा अंक

(कमरा अँगरेजी सजा हुआ, मेज, कुरसी लगी हुई।
कुरसी पर भारतदुर्दैव बैठा है)
(रोग का प्रवेश)

रोग : **(गाता हुआ) जगत् सब मानत मेरी आन।**
मेरी ही टट्टी रचि खेलत नित सिकार भगवान॥
मृत्यु कलंक मिटावत मैं ही मौसम और न आन।
परम पिता हमहीं वैद्यन के अत्तारन के प्रान॥
मेरा प्रभाव जगत विदित है। कुपथ्य का मित्र और पथ्य का शत्रु मैं ही हूँ। त्रैलोक्य में ऐसा कौन है जिस पर मेरा प्रभुत्व नहीं। नजर, श्राप, प्रेत, टोना, टनमन, देवी, देवता सब मेरे ही नामांतर हैं। मेरी ही बदौलत ओझा, दरसनिए, सयाने, पंडित, सिद्ध लोगों को ठगते हैं। (आतंक से) भला मेरे प्रबल प्रताप को ऐसा कौन है जो निवारण करे। हह! चुंगी की कमेटी सफाई करके मेरा निवारण करना चाहती है, यह नहीं जानती कि जितनी सड़क चौड़ी होगी उतने ही हम भी 'जस जस सुरसा बदन बढ़ावा। तासु दुगुन कपि रूप दिखावा'। (भारतदुदैव को देखकर) महाराज! क्या आज्ञा है?

भारतदु. : आज्ञा क्या है, भारत को चारों ओर से घेर लो।

रोग : महाराज! भारत तो अब मेरे प्रवेशमात्र से मर जायेगा। घेरने का कौन काम है? धन्वंतरि और काशिराज दिवोदास का अब समय नहीं है। और न सुश्रुत, वाग्भट्ट, चरक ही हैं। बैदगी अब केवल जीविका के हेतु बची है। काल के बल से औषधों के गुणों और लोगों की प्रकृति में भी भेद पड़ गया। बस अब हमें कौन जीतेगा और फिर हम ऐसी सेना भेजेंगे जिनका भारतवासियों ने कभी नाम तो सुना ही न होगा;

तब भला वे उसका प्रतिकार क्या करेंगे! हम भेजेंगे विस्फोटक, हैजा, डेंगू, अपाप्लेक्सी। भला इनको हिंदू लोग क्या रोकेंगे? ये किधर से चढ़ाई करते हैं और कैसे लड़ते हैं जानेंगे तो हई नहीं, फिर छुट्टी हुई वरंच महाराज, इन्हीं से मारे जायँगे और इन्हीं को देवता करके पूजेंगे, यहाँ तक कि मेरे शत्रु डाक्टर और विद्वान् इसी विस्फोटक के नाश का उपाय टीका लगाना इत्यादि कहेंगे तो भी ये सब उसको शीतला के डर से न मानेंगे और उपाय आछत अपने हाथ प्यारे बच्चों की जान लेंगे।

भारतदु. : तो अच्छा तुम जाओ। महर्घ और टिकस भी यहाँ आते होंगे सो उनको साथ लिए जाओ। अतिवृष्टि, अनावृष्टि की सेना भी वहाँ जा चुकी है। अनक्य और अंधकार की सहायता से तुम्हें कोई भी रोक न सकेगा। यह लो पान का बीड़ा लो। (बीड़ा देता है)

(रोग बीड़ा लेकर प्रणाम करके जाता है)

भारतदु. : बस, अब कुछ चिंता नहीं, चारों ओर से तो मेरी सेना ने उसको घेर लिया अब कहाँ बच सकता है।

(आलस्य का प्रवेश[1])

आलस्य : हहा! एक पोस्ती ने कहा; पोस्ती ने पी पोस्त नौ दिन चले अढ़ाई कोस। दूसरे ने जवाब दिया, अबे वह पोस्ती न होगा डाक का हरकारा होगा। पोस्ती ने जब पोस्त पी तो या कूँड़ी के उस पार या इस पार ठीक है। एक बारी में हमारे दो चेले लेटे थे ओर उसी राह से एक सवार जाता था। पहिले ने पुकारा "भाई सवार, सवार, यह पक्का आम टपक कर मेरी छाती पर पड़ा है, जरा मेरे मुँह में तो डाल।" सवार ने कहा "अजी तुम बड़े आलसी हो। तुम्हारी छाती पर आम पड़ा है सिर्फ हाथ से उठाकर मुँह में डालने में यह आलस है!" दूसरा बोला ठीक है साहब, यह बड़ा ही आलसी है। रात भर कुत्ता मेरा मुँह चाटा किया और यह पास ही पड़ा था पर इसने न हाँका।" सच है किस जिंदगी के वास्ते तकलीफ उठाना; मजे में हालमस्त पड़े रहना। सुख केवल हम में है 'आलसी पड़े कुएँ में वहीं चैन है।'

(गाता है)

1. मोटा आदमी जँभाई लेता हुआ धीरे-धीरे आवेगा।

(गजल)

दुनिया में हाथ पैर हिलाना नहीं अच्छा।
मर जाना पै उठके कहीं जाना नहीं अच्छा॥
बिस्तर पै मिस्ले लोथ पड़े रहना हमेशा।
बंदर की तरह धूम मचाना नहीं अच्छा॥
रहने दो जमीं पर मुझे आराम यहीं है।
छेड़ो न नक्शेपा हैं मिटाना नहीं अच्छा॥
उठ करके घर से कौन चले यार के घर तक।
मौत अच्छी है पर दिल का लगाना नहीं अच्छा॥
धोती भी पहिने जब कि कोई गैर पिन्हा दे।
उमरा को हाथ पैर चलाना नहीं अच्छा॥
सिर भारी चीज है इसे तकलीफ हो तो हो।
पर जीभ विचारी को सताना नहीं अच्छा॥
फाकों से मरिए पर न कोई काम कीजिए।
दुनिया नहीं अच्छी है जमाना नहीं अच्छा॥
सिजदे से गर बिहिश्त मिले दूर कीजिए।
दोजख ही सही सिर का झुकाना नहीं अच्छा॥
मिल जाय हिंद खाक में हम काहिलों को क्या।
ऐ मीरे फर्श रंज उठाना नहीं अच्छा॥

और क्या। काजी जी दुबले क्यों, कहैं शहर के अंदेशे से। अरे 'कोउ नृप होउ हमें का हानी, चेरि छाँड़ि नहिं होउब रानी।' आनंद से जन्म बिताना। 'अजगर करै न चाकरी, पंछी करै न काम। दास मलूका कह गए, सबके दाता राम।।' 'जो पढ़तव्यं सो मरतव्यं, जो न पढतव्यं सो भी मरतव्यं' तब फिर दंतकटाकट किं कर्तव्यं?' भई जात में ब्राह्मण, धर्म में वैरागी, रोजगार में सूद और दिल्लगी में गप सब से अच्छी। घर बैठे जन्म बिताना, न कहीं जाना और न कहीं आना बस खाना, हगना, मूतना, सोना, बात बनाना, तान मारना और मस्त रहना। अमीर के सर पर और क्या सुरखाब का पर होता है, जो कोई काम न करे वही अमीर। 'तवंगरी बदिलस्त न बमाल।'[1] दोई तो

1. अमीर हृदय से है, धन से नहीं है!

मस्त हैं या मालमस्त या हालमस्त। (भारतदुर्दैव को देखकर उसके पास जाकर प्रणाम करके) महाराज! मैं सुख से सोया था कि आपकी आज्ञा पहुँची, ज्यों त्यों कर यहाँ हाजिर हुआ। अब हुक्म?

भारतदु. : तुम्हारे और साथी सब हिंदुस्तान की ओर भेजे गए हैं। तुम भी वहीं जाओ और अपनी जोगनिंद्रा से सब को अपने वश में करो।

आलस्य : बहुत अच्छा। (आप ही आप) आह रे बप्पा! अब हिंदुस्तान में जाना पड़ा। तब चलो धीरे-धीरे चलें। हुक्म न मानेंगे तो लोग कहेंगे 'सरबस खाइ भोग करि नाना। समरभूमि भा दुरलभ प्राना।' अरे करने को दैव आप ही करेगा, हमारा कौन काम है, पर चलें।

(यही सब बुड़बुडाता हुआ जाता है)

(मदिरा[2] आती है)

मदिरा : भगवान् सोम की मैं कन्या हूँ। प्रथम वेदों ने मधु नाम से मुझे आदर दिया। फिर देवताओं की प्रिया होने से मैं सुरा कहलाई और मेरे प्रचार के हेतु श्रौत्रामणि यज्ञ की सृष्टि हुई। स्मृति और पुराणों में भी प्रवृत्ति मेरी नित्य कही गई। तंत्र तो केवल मेरी ही हेतु बने। संसार में चार मत बहुत प्रबल हैं, हिंदू, बौद्ध, मुसलमान और क्रिस्तान। इन चारों में मेरी चार पवित्र प्रेममूर्ति विराजमान हैं। सोमपान, वीराचमन, शराबेतहूरा और बापटैजिंग वाइन। भला कोई कहे तो इनको अशुद्ध? या जो पशु हैं उन्होंने अशुद्ध कहा ही तो क्या! हमारे चाहनेवालों के आगे वे लोग बहुत होंगे तो फी सैकड़े दस होंगे, जगत् में तो हम व्याप्त हैं। हमारे चेले लोग सदा यही कहा करते हैं। फिर सरकार के राज्य के तो हम एकमात्र भूषण हैं।

दूध सुरा दधिहू सुरा, सुरा अन्न धन धाम।
वेद सुरा ईश्वर सुरा, सुरा स्वर्ग को नाम॥
जाति सुरा विद्या सुरा, बिनु मद रहै न कोय।
सुधरी आजादी सुरा, जगत् सुरामय होय॥
ब्राह्मण क्षत्री वैश्य अरु, सैयद सेख पठान।
दै बताइ मोहि कौन जो, करत न मदिरा पान॥
पियत भट्ट के ठट्ट अरु, गुजरातिन के वृंद।

---

2. साँवली-सी स्त्री, लाल कपड़ा सोने का गहना, पैर में घुँघुरू।

गौतम पियत अनंद सों, पियत अग्र के नंद ॥
होटल में मदिरा पिएँ, चोट लगे नहिं लाज।
लोट लए ठाढ़े रहत, होटल दैवे काज ॥
कोउ कहत मद नहिं पिएँ, तो कछु लिख्यो न जाय।
कोउ कहत हम मद्य बल, करत वकीली आय ॥
मद्यहि के परभाव सों, रचन अनेकन ग्रंथ।
मद्यहि के परकास सों, लखत धरम को पंथ ॥
मद पी विधिजग को करत, पालत हरि करि पान।
मद्यहि पी कै नाश सब, करत शंभु भगवान् ॥
विष्णु बारुणी, पोर्ट पुरुषोत्तम, मद्य मुरारि।
शांपिन शिव गौड़ी गिरिश, ब्रांडी ब्रह्म बिचारि ॥
मेरी तो धन बुद्धि बल, कुल लज्जा पति गेह।
माय बाप सुत धर्म सब, मदिरा ही न सँदेह ॥
सोक हरन आनँद करन, उमगावन सब गात।
हरि मैं तपबिनु लय करनि, केवल मद्य लखात ॥
सरकारहि मंजूर जो मेरा होत उपाय।
तो सब सों बढ़ि मद्य पै देती कर बैठाय ॥
हमहीं कों या राज की, परम निसानी जान।
कीर्ति खंभ सी जग गड़ी, जव लौं थिर सित भान ॥
राजमहल के चिन्ह नहिं, मिलिहैं जग इत कोय।
तबहू बोतल टूक बहु, मिलिहैं कीरति होय ॥

हमारी प्रवृत्ति के हेतु कुछ यत्न करने की आवश्यकता नहीं। मनु पुकारते हैं 'प्रवृत्तिरेषा भूतानां' और भागवत में कहा है 'लोके व्यवायामिषमद्यसेवा नित्यास्ति जंतोः।' उस पर भी वर्तमान समय की सभ्यता की तो मैं मुख्यमूलसूत्र हूँ। विषयेंद्रियों के सुखानुभव मेरे कारण द्विगुणित हो जाते हैं। संगीत साहित्य की तो एकमात्र जननी हूँ। फिर ऐसा कौन है जो मुझसे विमुख हो?

(गाती है)

(राग काफी, धनाश्री का मेल, ताल धमार)

मदवा पीले पागल जीवन बीत्यौ जात।

बिनु मद जगत सार कछु नाहीं मान हमारी बात ॥
पी प्याला छक छक आनँद से नितहि साँझ और प्रात।
झूमत चल डगमगी चाल से मारि लाज को लात ॥
हाथी मच्छड़, सूरज जुगुनू जाके पिए लखात।
ऐसी सिद्धि छोड़ि मन मूरख काहे ठोकर खात ॥

(राजा को देखकर) महाराज! कहिए क्या हुक्म है?

भारतदु. : हमने बहुत से अपने वीर हिंदुस्तान में भेजे हैं। परंतु मुझको तुमसे जितनी आशा है उतनी और किसी से नहीं है। जरा तुम भी हिंदुस्तान की तरफ जाओ और हिंदुओं से समझो तो।

मदिरा : हिंदुओं के तो मैं मुद्दत से मुँहलगी हूँ, अब आपकी आज्ञा से और भी अपना जाल फैलाऊँगी और छोटे बड़े सबके गले का हार बन जाऊँगी।

(जाती है)

(रंगशाला के दीपों में से अनेक बुझा दिए जायँगे)

(अंधकार का प्रवेश)

(आँधी आने की भाँति शब्द सुनाई पड़ता है)

अंधकार : (गाता हुआ स्खलित नृत्य करता है)

(राग काफी)

जै जै कलियुग राज की, जै महामोह महराज की।
अटल छत्र सिर फिरत थाप जग मानत जाके काज की ॥
कलह अविद्या मोह मूढ़ता सबै नास के साज की ॥

हमारा सृष्टि संहार कारक भगवान् तमोगुण जी से जन्म है। चोर, उलूक और लंपटों के हम एकमात्र जीवन हैं। पर्वतों की गुहा, शोकितों के नेत्र, मूर्खों के मस्तिष्क और खलों के चित्त में हमारा निवास है। हृदय के और प्रत्यक्ष, चारों नेत्र हमारे प्रताप से बेकाम हो जाते हैं। हमारे दो स्वरूप हैं, एक आध्यात्मिक और एक आधिभौतिक, जो लोक में अज्ञान और अँधेरे के नाम से प्रसिद्ध हैं। सुनते हैं कि भारतवर्ष में भेजने को मुझे मेरे परम पूज्य मित्र दुर्दैव महाराज ने आज बुलाया है। चलें, देखें क्या कहते हैं (आगे बढ़कर) महाराज की जय हो, कहिए क्या अनुमति है?

भारतदु. : आओ मित्र! तुम्हारे बिना तो सब सूना था। यद्यपि मैंने अपने बहुत से लोग भारत विजय को भेजे हैं पर तुम्हारे बिना सब निर्बल हैं। मुझको तुम्हारा बड़ा भरोसा है, अब तुमको भी वहाँ जाना होगा।

अंध. : आपके काम के वास्ते भारत क्या वस्तु है, कहिए मैं विलायत जाऊँ।

भारतदु. : नहीं, विलायत जाने का अभी समय नहीं, अभी वहाँ त्रेता, द्वापर है।

अंध. : नहीं, मैंने एक बात कही। भला जब तक वहाँ दुष्टा विद्या का प्राबल्य है, मैं वहाँ जाही के क्या करूँगा? गैस और मैगनीशिया से मेरी प्रतिष्ठा भंग न हो जायेगी।

भारतदु. : हाँ, तो तुम हिंदुस्तान में जाओ और जिसमें हमारा हित हो सो करो। बस 'बहुत बुझाई तुमहिं का कहऊँ, परम चतुर मैं जानत अहऊँ।'

अंध : बहुत अच्छा, मैं चला। बस जाते ही देखिए क्या करता हूँ। (नेपथ्य में बैतालिक गान और गीत की समाप्ति में क्रम से पूर्ण अंधकार और पटाक्षेप)

निहचै भारत को अब नास।
जब महराज विमुख उनसों तुम निज मति करी प्रकास ॥
अब कहुँ सरन तिन्हैं नहिं मिलिहै ह्वैहै सब बल चूर।
बुधि विद्या धन धान सबै अब तिनको मिलिहैं धूर ॥
अब नहिं राम धर्म अर्जुन नहिं शाक्यसिंह अरू व्यास।
करिहै कौन पराक्रम इनमें को देहे अब आस ॥
सेवाजी रनजीत सिंहहू अब नहिं बाकी जौन।
करिहैं कछू नाम भारत को अब तो हैं नृप मौन ॥
वही उदैपुर जैपुर रीवाँ पन्ना आदिक राज।
परबस भए न सोच सकहिं कछू करि निज बल बेकाज ॥
अँगरेजहु को राज पाइकै रहे कूढ़ के कूढ़।
स्वारथ पर विभिन्न-मति-भूले हिंदू सब ह्वै मूढ़ ॥
जग के देस बढ़त बदि बदि के सब बाजी जेहि काल।
ताहू समय रात इनकी है ऐसे ये बेहाल ॥
छोटे चित अति भीरु बुद्धि मन चंचल बिगत उछाह।
उदर-भरन-रत, ईसबिमुख सब भए प्रजा नरनाह ॥
इनसों कछू आस नहिं ये तो सब विधि बुधि-बल हीन।

बिना एकता-बुद्धि-कला के भए सबहि बिधि दीन॥
बोझ लादि कै पैर छानि कै निज सुख करहु प्रहार।
ये रासभ से कछू नहिं कहिहैं मानहु छमा अगार॥
हित अनहित पशु पक्षी जाना पै ये जानहिं नाहिं।
भूले रहत आपुने रँग मैं फँसे मूढ़ता माहिं॥
जे न सुनहिं हित, भलो करहिं नहिं तिनसों आसा कौन।
डंका दै निज सैन साजि अब करहु उतै सब गौन॥

(जवनिका गिरती है)

◆◆◆◆◆

पाँचवाँ अंक

स्थान–किताबखाना

(सात सभ्यों की एक छोटी-सी कमेटी; सभापति चक्करदार टोपी पहने, चश्मा लगाए, छड़ी लिए; छह सभ्यों में एक बंगाली, एक महाराष्ट्री, एक अखबार हाथ में लिए एडिटर, एक कवि और दो देशी महाशय)

सभापति : (खड़े होकर) सभ्यगण! आज की कमेटी का मुख्य उद्देश्य यह है कि भारतदुर्दैव की, सुना है कि हम लोगों पर चढ़ाई है। इस हेतु आप लोगों को उचित है कि मिलकर ऐसा उपाय सोचिए कि जिससे हम लोग इस भावी आपत्ति से बचें। जहाँ तक हो सके अपने देश की रक्षा करना ही हम लोगों का मुख्य धर्म है। आशा है कि आप सब लोग अपनी-अपनी अनुमति प्रगट करेंगे। (बैठ गए, करतलध्वनि)

बंगाली : (खड़े होकर) सभापति साहब जो बात बोला सो बहुत ठीक है। इसका पेशतर कि भारतदुर्दैव हम लोगों का शिर पर आ पड़े कोई उसके परिहार का उपाय सोचना अत्यंत आवश्यक है किंतु प्रश्न एई है जे हम लोग उसका दमन करने शाकता कि हमारा बोज्जोंबल के बाहर का बात है। क्यों नहीं शाकता? अलबत्त शकेगा, परंतु जो सब लोग एक मत्त होगा। (करतलध्वनि) देखो हमारा बंगाल में इसका अनेक उपाय शाधन होते हैं। ब्रिटिश इंडियन ऐसोशिएशन लीग इत्यादि अनेक शभा ही होते हैं। कोई थोड़ा भी बात होता हम लोग मिल के बड़ा गोल करते। गवर्नमेंट तो केवल गोलमाल से भय खाता। और कोई तरह नहीं शोनता। ओ हुँआ का अखबार वाला सब एक बार ऐसा शोर करता कि गवेर्नमेंट को अलबत्ता शुनने होता। किंतु हेंयाँ, हम देखते हैं कोई कुछ नहीं बोलता। आज शब आप सभ्य लोग एकत्र हैं, कुछ उपाय इसका अवश्य शोचना चाहिए। (उपवेशन)।

प. देशी : (धीरे से) यहीं, मगर जब तक कमेटी में हैं तभी तक। बाहर निकले कि फिर कुछ नहीं।

दू. देशी : [धीरे से] क्यों भाई साहब! इस कमेटी में आने से कमिश्नर हमारा नाम तो दरबार से खारिज न कर देंगे?

एडिटर : (खड़े होकर) हम अपने प्राणपण से भारत दुर्दैव को हटाने को तैयार हैं। हमने पहिले भी इस विषय में एक बार अपने पत्र में लिखा था परंतु यहाँ तो कोई सुनता ही नहीं। अब जब सिर पर आफत आई सो आप लोग उपाय सोचने लगे। भला अब भी कुछ नहीं बिगड़ा है जो कुछ सोचना हो जल्द सोचिए। (उपवेशन)

कवि : (खड़े होकर) मुहम्मदशाह से भाँड़ों ने दुश्मन को फौज से बचने का एक बहुत उत्तम उपाय कहा था। उन्होंने बतलाया कि नादिरशाह के मुकाबले में फौज न भेजी जाय। जमुना किनारे कनात खड़ी कर दी जायँ, कुछ लोग चूड़ी पहने कनात के पीछे खड़े रहें। जब फौज इस पार उतरने लगे, कनात के बाहर हाथ निकालकर उँगली चमकाकर कहें "मुए इधर न आइयो इधर जनाने हैं"। बस सब दुश्मन हट जायँगे। यही उपाय भारतदुर्दैव से बचने को क्यों न किया जाय।

बंगाली : (खड़े होकर) अलबत्र, यह भी एक उपाय है किंतु असभ्यगण आकर जो स्त्री लोगों का विचार न करके सहसा कनात को आक्रमण करेगा तो? (उपवेशन)

एडि. : (खड़े होकर) हमने एक दूसरा उपाय सोचा है, एडूकेशन की एक सेना बनाई जाय। कमेटी की फौज। अखबारों के शस्त्र और स्पीचों के गोले मारे जायँ। आप लोग क्या कहते हैं? (उपवेशन)

दू. देशी : मगर जो हाकिम लोग इससे नाराज हों तो? (उपवेशन)

बंगाली : हाकिम लोग काहे को नाराज होगा। हम लोग शदा चाहता कि अँगरेजों का राज्य उत्सन्न न हो, हम लोग केवल अपना बचाव करता। (उपवेशन)

महा. : परंतु इसके पूर्व यह होना अवश्य है कि गुप्त रीति से यह बात जाननी कि हाकिम लोग भारतदुर्दैव की सैन्य से मिल तो नहीं जायँगे।

दू. देशी : इस बात पर बहस करना ठीक नहीं। नाहक कहीं लेने के देने न पड़ें, अपना काम देखिए (उपवेशन और आप ही आप) हाँ, नहीं तो अभी कल

ही झाड़बाजी होय।

महा. : तो सार्वजनिक सभा का स्थापन करना। कपड़ा बीनने की कल मँगानी। हिदुस्तानी कपड़ा पहिनना। यह भी सब उपाय हैं।

दू. देशी : (धीरे से)—बनात छोड़कर गंजी पहिरेंगे, हें हें।

एडि. : परंतु अब समय थोड़ा है जल्दी उपाय सोचना चाहिए।

कवि : अच्छा तो एक उपाय यह सोचो कि सब हिंदू मात्र अपना फैशन छोड़कर कोट पतलून इत्यादि पहिरें जिसमें सब दुर्दैव की फौज आवे तो हम लोगों को योरोपियन जानकर छोड़ दें।

प. देशी : पर रंग गोरा कहाँ से लावेंगे?

बंगाली : हमारा देश में भारत उद्धार नामक एक नाटक बना है। उसमें अँगरेजों को निकाल देने का जो उपाय लिखा, सोई हम लोग दुर्दैव का वास्ते काहे न अवलंबन करें। ओ लिखता पाँच जन बंगाली मिल के अँगरेजों को निकाल देगा। उसमें एक तो पिशान लेकर स्वेज का नहर पाट देगा। दूसरा बाँस काट काट के पिवरी नामक जलयंत्र विशेष बनावेगा। तीसरा उस जलयंत्र से अंगरेजों की आँख में धूर और पानी डालेगा।

महा. : नहीं नहीं, इस व्यर्थ की बात से क्या होना है। ऐसा उपाय करना जिससे फल सिद्धि हो।

प. देशी : (आप ही आप) हाय! यह कोई नहीं कहता कि सब लोग मिलकर एक चित्र हो विद्या की उन्नति करो, कला सीखो जिससे वास्तविक कुछ उन्नति हो। क्रमशः सब कुछ हो जायेगा।

एडि. : आप लोग नाहक इतना सोच करते हैं, हम ऐसे ऐसे आर्टिकिल लिखेंगे कि उसके देखते ही दुर्दैव भागेगा।

कवि : और हम ऐसी ही ऐसी कविता करेंगे।

प. देशी : पर उनके पढ़ने का और समझने का अभी संस्कार किसको है?

(नेपथ्य में से)

भागना मत, अभी मैं आती हूँ।

(सब डरके चौकन्ने से होकर इधर उधर देखते हैं)

दू. देशी : (बहुत डरकर) बाबा रे, जब हम कमेटी में चले थे तब पहिले ही छींक

---

1. पुलिस की वर्दी पहिने।

हुई थी। अब क्या करें। (टेबुल के नीचे छिपने का उद्योग करता है)

(डिसलायलटी[1] का प्रवेश)

सभापति : (आगे से ले आकर बड़े शिष्टाचार से) आप क्यों यहाँ तशरीफ लाई हैं? कुछ हम लोग सरकार के विरुद्ध किसी प्रकार की सम्मति करने को नहीं एकत्र हुए हैं। हम लोग अपने देश की भलाई करने को एकत्र हुए हैं।

डिसलायलटी : नहीं, नहीं, तुम सब सरकार के विरुद्ध एकत्र हुए हो, हम तुमको पकड़ेंगे।

बंगाली : (आगे बढ़कर क्रोध से) काहे को पकड़ेगा, कानून कोई वस्तु नहीं है। सरकार के विरुद्ध कौन बात हम लोग बोला? व्यर्थ का विभीषिका!

डिस. : हम क्या करें, गवर्नमेंट की पालिसी यही है। कवि वचन सुधा नामक पत्र में गवर्नमेंट के विरुद्ध कौन बात थी? फिर क्यों उसे पकड़ने को हम भेजे गए? हम लाचार हैं।

दू. देशी : (टेबुल के नीचे से रोकर) हम नहीं, हम नहीं, तमाशा देखने आए थे।

महा. : हाय हाय! यहाँ के लोग बड़े भीरु और कापुरुष हैं। इसमें भय की कौन बात है! कानूनी है।

सभा. : तो पकड़ने का आपको किस कानून से अधिकार है?

डिस. : इँगलिश पालिसी नामक ऐक्ट के हाकिमेच्छा नामक दफा से।

महा. : परंतु तुम?

दू. देशी : (रोकर) हाय हाय! भटवा तुम कहता है अब मरे।

महा. : पकड़ नहीं सकतीं, हमको भी दो हाथ दो पैर हैं। चलो हम लोग तुम्हारे संग चलते हैं, सवाल जवाब करेंगे।

बंगाली : हाँ चलो, ओ का बात—पकड़ने नहीं शेकता।

सभा. : (स्वगत) चेयरमैन होने से पहिले हमीं को उत्तर देना पड़ेगा, इसी से किसी बात में हम अगुआ नहीं होते।

डिस : अच्छा चलो। (सब चलने की चेष्टा करते हैं)

(जवनिका गिरती है)

◆◆◆◆◆

छठा अंक

स्थान—गंभीर वन का मध्यभाग

(भारत एक वृक्ष के नीचे अचेत पड़ा है)

(भारतभाग्य का प्रवेश)

भारतभाग्य : (गाता हुआ—राग चैती गौरी)

जागो जागो रे भाई।
सोअत निसि बैस गँवाई। जागो जागो रे भाई॥
निसि की कौन कहै दिन बीत्यो काल राति चलि आई।
देखि परत नहिं हित अनहित कछु परे बैरि बस जाई॥
निज उद्धार पंथ नहिं सूझत सीस धुनत पछिताई।
अबहूँ चेति, पकरि राखो किन जो कछू बची बड़ाई॥
फिर पछिताए कछू नहिं ह्वैहैं रहि जैहौ मुँह बाई।
जागो जागो रे भाई॥

(भारत को जगाता है और भारत जब नहीं जागता तब अनेक यत्न से फिर जगाता है, अंत में हारकर उदास होकर)

हाय! भारत को आज क्या हो गया है? क्या निस्संदेह परमेश्वर इससे ऐसा ही रूठा है? हाय क्या अब भारत के फिर वे दिन न आवेंगे? हाय यह वही भारत है जो किसी समय सारी पृथ्वी का शिरोमणि गिना जाता था!

भारत के भुजबल जग रक्षित।
भारतविद्या लहि जग सिच्छित॥
भारततेज जगत बिस्तारा।
भारतभय कंपत संसारा॥
जाके तनिकहिं भौंह हिलाए।

थर थर कंपत नृप डरपाए॥
जाके जय की उज्ज्वल गाथा।
गावत सब महि मंगल साथा॥
भारतकिरिन जगत उँजियारा।
भारतजीव जिअत संसारा॥
भारतवेद कथा इतिहासा।
भारत वेदप्रथा परकासा॥
फिनिक मिसिर सीरीय युनाना।
भे पंडित लहि भारत दाना॥
रह्यौ रुधिर जब आरज सीसा।
ज्वलित अनल समान अवनीसा॥
साहस बल इन सम कोउ नाहीं।
तबै रह्यौ महिमंडल माहीं॥
कहा करी तकसीर तिहारी।
रे बिधि रुष्ट याहि की बारी॥
सबै सुखी जग के नर नारी।
रे विधना भारत हि दुखारी॥
हाय रोम तू अति बड़भागी।
बर्बर तोहि नास्यो जय लागी॥
तोड़े कीरतिथंभ अनेकन।
ढाहे गढ़ बहु करि प्रण टेकन॥
मंदिर महलनि तोरि गिराए।
सबै चिन्ह तुव धूरि मिलाए॥
कछु न बची तुव भूमि निसानी।
सो बरु मेरे मन अति मानी॥
भारत भाग न जात निहारे।
थाप्यो पग ता सीस उघारे॥
तोर्‌यो दुर्गन महल ढहायो।
तिनहीं में निज गेह बनायो॥
ते कलंक सब भारत केरे।

ठाढ़े अजहूँ लखो घनेरे ॥
काशी प्राग अयोध्या नगरी।
दीन रूप सम ठाढ़ी सगरी ॥
चंडालहु जेहि निरखि घिनाई।
रही सबै भुव मुँह मसि लाई ॥
हाय पंचनद हा पानीपत।
अजहुँ रहे तुम धरनि बिराजत ॥
हाय चितौर निलज तू भारी।
अजहुँ खरो भारतहि मँझारी ॥
जा दिन तुव अधिकार नसायो।
सो दिन क्यों नहिं धरनि समायो ॥
रह्यो कलंक न भारत नामा।
क्यों रे तू बारानसि धामा ॥
सब तजि कै भजि कै दुखभारो।
अजहुँ बसत करि भुव मुख कारो ॥
अरे अग्रवन तीरथ राजा।
तुमहुँ बचे अबलौं तजि लाजा ॥
पापिनि सरजू नाम धराई।
अजहूँ बहत अवतट जाई ॥
तुम में जल नहिं जमुना गंगा।
बढ़हु वेग करि तरल तरंगा ॥
धोवहु यह कलंक की रासी।
बोरहु किन झट मथुरा कासी ॥
कुस कन्नौज अंग अरु बंगहि।
बोरहु किन निज कठिन तरंगहि ॥
बोरहु भारत भूमि सबेरे।
मिटै करक जिय की तब मेरे ॥
अहो भयानक भ्राता सागर।
तुम तरंगनिधि अतिबल आगर ॥
बोरे बहु गिरी बन अस्थाना।

पै बिसरे भारत हित जाना॥
बढ़हु न बेगि धाइ क्यों भाई।
देहु भारत भुव तुरत डुबाई॥
घेरि छिपावहु विंध्य हिमालय।
करहु सफल जल भीतर तुम लय॥
धोवहु भारत अपजस पंका।
मेटहु भारतभूमि कलंका॥

हाय! यहीं के लोग किसी काल में जगन्मान्य थे।

जेहि छिन बलभारे हे सबै तेग धारे।
तब सब जग धाई फेरते हे दुहाई॥
जग सिर पग धारे धावते रोस भारे।
बिपुल अवनि जीती पालते राजनीती॥
जग इन बल काँपै देखिकै चंड दापै।
सोई यह पिय मेरे ह्वै रहे आज चेरे॥

ये कृष्ण बरन जब मधुर तान।
करते अमृतोपम वेद गान॥
तब मोहन सब नर नारि वृंद।
सुनि मधुर वरन सज्जित सुछंद॥
जग के सबही जन धारि स्वाद।
सुनते इनहीं को बीन नाद॥
इनके गुन होतो सबहि चैन।
इनहीं कुल नारद तानसैन॥
इनहीं के क्रोध किए प्रकास।
सब काँपत भूमंडल अकास॥
इनहीं के हुंकृति शब्द घोर।
गिरि काँपत हे सुनि चारु ओर॥
जब लेत रहे कर में कृपान।
इनहीं कहँ हो जग तृन समान॥
सुनि कै रनबाजन खेत माहिं।
इनहीं कहँ हो जिय सक नाहिं॥

याही भुव महँ होत है हीरक आम कपास।
इतही हिमगिरि गंगाजल काव्य गीत परकास॥
जाबाली जैमिनि गरग पातंजलि सुकदेव।
रहे भारतहि अंक में कबहि सबै भुवदेव॥
याही भारत मध्य में रहे कृष्ण मुनि व्यास।
जिनके भारतगान सों भारतवदन प्रकास॥
याही भारत में रहे कपिल सूत दुरवास।
याही भारत में भए शाक्य सिंह संन्यास॥
याही भारत में भए मनु भृगु आदिक होय।
तब तिनसी जग में रह्यो घृना करत नहिं कोय॥
जासु काव्य सों जगत मधि अब लौं ऊँचो सीस।
जासु राज बल धर्म की तृषा करहिं अवनीस॥
साईं व्यास अरु राम के बंस सबै संतान।
ये मेरे भारत भरे सोइ गुन रूप समान॥
सोई बंस रुधिर वही सोई मन बिस्वास।
वही वासना चित वही आसय वही विलास॥
कोटि कोटि ऋषि पुन्य तन कोटि कोटि अति सूर।
कोटि कोटि बुध मधुर कवि मिले यहाँ की धूर॥
सोइ भारत की आज यह भई दुरदसा हाय।
कहा करे कित जायँ नहिं सूझत कछू उपाय॥

(भारत को फिर उठाने की अनेक चेष्टा करके उपाय निष्फल होने पर रोकर)

हा! भारतवर्ष को ऐसी मोहनिद्रा ने घेरा है कि अब इसके उठने की आशा नहीं। सच है, जो जान बुझकर सोता है उसे कौन जगा सकेगा? हा दैव! तेरे विचित्र चरित्र हैं, जो कल राज करता था वह आज जूते में टाँका उधार लगवाता है। कल जो हाथी पर सवार फिरते थे आज नंगे पाँव वन वन की धूल उड़ाते फिरते हैं। कल जिनके घर लड़के लड़कियों के कोलाहल से कान नहीं दिया जाता था आज उसका नाम लेवा और पानी देवा कोई नहीं बचा और कल जो घर अन्न धन पूत लक्ष्मी हर तरह से भरे थे आज उन घरों में तूने दीया बालनेवाला भी नहीं छोड़ा।

हा! जिस भारतवर्ष का सिर व्यास, वाल्मीकि, कालिदास, पाणिनि, शाक्यसिंह बाणभट्ट, प्रभृति कवियों के नाममात्र से अब भी सारे संसार में ऊँचा है, उस भारत की यह दुर्दशा! जिस भारतवर्ष के राजा चंद्रगुप्त और अशोक का शासन रूम रूस तक माना जाता था, उस भारत की यह दुर्दशा! जिस भारत में राम, युधिष्ठिर, नल, हरिश्चंद्र, रंतिदेव, शिवि इत्यादि पवित्र चरित्र के लोग हो गए हैं उसकी यह दशा! हाय, भारत भैया, उठो! देखो विद्या का सूर्य पश्चिम से उदय हुआ चला आता है। अब सोने का समय नहीं है। अँगरेज का राज्य पाकर भी न जगे तो कब जागोगे। मूर्खों के प्रचंड शासन के दिन गए, अब राजा ने प्रजा का स्वत्व पहिचाना। विद्या की चरचा फैल चली, सबको सब कुछ कहने सुनने का अधिकार मिला, देश विदेश से नई विद्या और कारीगरी आई। तुमको उस पर भी वही सीधी बातें, भाँग के गोले, ग्रामगीत, वही बाल्यविवाह, भूत प्रेत की पूजा, जन्मपत्री की विधि! वही थोड़े में संतोष, गप हाँकने में प्रीती और सत्यानाशी चालें! हाय अब भी भारत की यह दुर्दशा! अरे अब क्या चिता पर सम्हलेगा? भारत भाई! उठो, देखो अब दुख नहीं सहा जाता, अरे कब तक बेसुध रहोगे? उठो, देखो, तुम्हारी संतानों का नाश हो गया। छिन्न-छिन्न होकर सब नरक की यातना भोगते हैं, उस पर भी नहीं चेतते। हाय! मुझसे तो अब यह दशा नहीं देखी जाती। प्यारे जागो। (जगाकर और नाड़ी देखकर) हाय इसे तो बड़ा ही ज्वर चढ़ा है! किसी तरह होश में नहीं आता। हा भारत! तेरी क्या दशा हो गई! हे करुणासागर भगवान्! इधर भी दृष्टि कर। हे भगवती राज-राजेश्वरी इसका हाथ पकड़ो। (रोकर) अरे कोई नहीं जो इस समय अवलंब दे। हा! अब मैं जी के क्या करूँगा! जब भारत ऐसा मेरा मित्र इस दुर्दशा में पड़ा है और उसका उद्धार नहीं कर सकता, तो मेरे जीने पर धिक्कार है! जिस भारत का मेरे साथ अब तक इतना संबंध था उसकी ऐसी दशा देखकर भी मैं जीता रहूँ तो बड़ा कृतघ्न हूँ! (रोता है) हा विधाता, तुझे यही करना था! (आतंक से) छिः छिः इतना क्लैव्य क्यों? इस समय यह अधीरजपना! बस, अब धैर्य! (कमर से कटार निकालकर) भाई भारत! मैं तुम्हारे ऋण से छूटता हूँ! मुझसे वीरों का कर्म नहीं हो सकता। इसी से कातर की भाँति प्राण देकर उऋण होता हूँ। (ऊपर हाथ उठाकर) हे सर्व्वांतर्यामी! हे परमेश्वर! जन्म-जन्म मुझे भारत सा भाई मिले। जन्म जन्म गंगा जमुना के किनारे

मेरा निवास हो।

(भारत का मुँह चूमकर और गले लगाकर)

भैया, मिल लो, अब मैं विदा होता हूँ। भैया, हाथ क्यों नहीं उठाते? मैं ऐसा बुरा हो गया कि जन्म भर के वासते मैं विदा होता हूँ तब भी ललककर मुझसे नहीं मिलते। मैं ऐसा ही अभागा हूँ तो ऐसे अभागे जीवन ही से क्या; बस यह लो। (कटार का छाती में आघात और साथ ही जवनिका पतन)

◆◆◆◆◆

शब्दार्थ तथा टिप्पणी

अत्तारन	–	अत्तार (औषधि बेचने वाला) का बहुवचन (परमपिता... प्रान–रोग फैलेगा, तभी वैद्यों तथा औषधि बेचने वालों की कमाई होगी। इसी लिए रोग कहता है कि मैं वैद्यों का परमपिता और औषधि बेचने वालों का प्राण हूँ।)
अपजस पंका	–	अपयश का कीचड़, कलंक का टीका
अपनाए की	–	शरणागत की
अबलौं	–	अब तक
अविद्या राती	–	सभी अज्ञान में रत हैं।
आन	–	प्रताप, प्रभाव
आरज सीसा	–	आर्यों के सिर (रह्यौ रुधिर जब आरज सीसा – आर्यों के सिर पर जब तक रुधिर यानी ओज था।)
उछाह	–	उत्साह
उमरा	–	अमीर का बहुवचन (अमीर अपने हाथ से काम करने में अपनी तौहीन समझते हैं।)
ओ का बात	–	उसके बाद
कसक	–	चुभन, पीड़ा
काफर	–	ईश्वर को न मानने वाला, नास्तिक (मध्यकाल में मुसलमान इस्लाम को न मानने वाले को काफिर कहते थे।)
काल राति	–	मृत्यु की रात
किए तीन तेरह सबै	–	तीन और तेरह में बाँटना (ब्राह्मणों में आपस में तीन और तेरह का भेद होता है। शुक्ल, तिवारी, मिश्र तीन में आते हैं तथा पांडेय, चौबे, दूबे, पाठक, उपाध्याय आदि तेरह में आते हैं। तीन वाले तेरह वालों को अपने से निम्न मानते हैं। पहले के समय में इनके बीच विवाह–संबंध नहीं होता था।)
कूढ़	–	मूर्ख, जड़

खेत	–	क्षेत्र, युद्ध का मैदान
गरग	–	गर्ग (एक ऋषि)
घनघोर	–	बहुत अधिक, अतिशय
ख्वारी	–	बर्बादी
गोल	–	भीड़
गोलमाल	–	भीड़भाड़, उपद्रव
चंड दापै	–	प्रचंड तेज को
चारु ओर	–	चारों ओर
चेरे	–	दास, दीन–हीन
चौका चौका छाय	–	अलग–अलग रसोई बनाना। पहले ब्राह्मणों में यह रिवाज बहुत ज्यादा था। एक का बनाया हुआ दूसरा नहीं खाता था। कान्यकुब्जों के बारे में यह कहावत प्रसिद्ध है – तीन कनौजिया तेरह चूल्हा।
छार खार	–	तहस–नहस
छाऊँ	–	फैलाऊँ
छीजत	–	नष्ट हो रहा है।
जयचंद	–	पृथ्वीराज चौहान का रिश्तेदार, जिसने पृथ्वीराज पर आक्रमण करने के लिए विदेशी आक्रमणकारी शहाबुद्दीन गोरी को आमंत्रित किया था। जयचंद गद्दारों और देशद्रोहियों का प्रतीक माना जाता है।
जवनसैन	–	यवन सैन्य, मुसलमानों की सेना
जवनिका	–	यवनिका, पर्दा
जोगनिद्रा	–	योगनिद्रा, ऐसी निद्रा जिसमें व्यक्ति मुर्दे जैसा पड़ा रहे।
टिक्स	–	टैक्स
टिक्स	–	टैक्स
टट्टी	–	आड़, ओट
डिसलायल्टी	–	देशद्रोह
तकसीर	–	अपराध
दुरवासा	–	दुर्वासा ऋषि
नख्शेपा	–	पदचिह्न (आलसियों को लक्ष्य करके कहा गया है। आलसी कहता है- हमें चरण–चिह्न (ऐतिहासिक महत्त्व की वस्तु) मानकर जमीन पर पड़ा रहने दो। हमें हिलाना–डुलाना अच्छा नहीं है।)

निहचै	–	निश्चय
नेआमत	–	नेमत, ईश्वर का उपहार
पालते राजनीती	–	राज्य करते थे (विपुल अवनि जीती। पालते राजनीती– विशाल भूभाग जीतकर उस पर राज्य करते थे)
पेशतर	–	पहले
फाका	–	भूखे रहना (फाकों से मरिए ... कीजिए – हम भूखे मर जाएँगे; मगर कुछ काम नहीं करेंगे। काम करना हमारी शान के खिलाफ है।)
बल बीरज	–	बल वीर्य, पौरुष, शक्ति, तेज
बापटैजिंग वाइन	–	बपतिस्मा (ईसाइयों का धार्मिक उत्सव) का पवित्र वाइन।
बिभिचार	–	व्यभिचार
बैस	–	वयस्, उम्र (सोवत निसि बैस गँवाई – रात को सोते हुए उम्र गँवाई)
बोर्ज़्ज़ोबल	–	बाजूबल, बाहुबल
भट्ट के ठट्ट	–	पंडितों के झुंड के झुंड
मदवा	–	मदिरा, शराब
मरी	–	मृत्यु
महामोह	–	महाअज्ञान
मिस्ले लोथ	–	लाश की तरह
मीरे फर्श	–	कालीन के कोनों को दबाने के लिए रखा जाने वाला भारी पत्थर; वह आदमी जो अपनी जगह से हिले-डुले नहीं।
मुहताज	–	मजबूर, बेबस
रंज	–	कष्ट, दुख
रनबाजन	–	रणवाद्य, रणभेरी, युद्ध के बाजे
राजराजेश्वरी	–	ब्रिटेन की महारानी विक्टोरिया
शराबेतहूरा	–	स्वर्ग में पी जाने वाली शराब
सुरखाब का पर	–	दुर्लभ या अनोखी वस्तु
सेवाजी	–	शिवाजी
सोग	–	शोक
हुंकृति	–	हुंकार, गर्जना
होत	–	होने पर

'भारतदुर्दशा' की प्रासंगिकता

भारतेन्दु हरिश्चन्द्र को युग द्रष्टा साहित्यकार कहा जाता है। उनमें युग के पार, काल से परे देख पाने की एक अनोखी और विलक्षण दृष्टि थी। किसी भी समस्या को वह जड़ से पकड़ने में सक्षम थे। वह अनेक भाषाओं के ज्ञानी थे, उन्हें संस्कृत भी आती थी लेकिन कठिन शब्दों का प्रयोग करके अपना पाण्डित्य प्रदर्शित करने की प्रवृत्ति उनमें नहीं थी। इसलिए उनकी रचनाएँ आम जनता तक सहजता से सम्प्रेषित हो पाती थीं। उनकी रचनाओं का पाठक-वर्ग पर गहरा प्रभाव पड़ता था। बड़े और महान् साहित्यकारों की यह विशेषता होती है कि उनका साहित्य-सृजन न सिर्फ़ अपने वर्तमान समय की सच्चाई को प्रस्तुत करता है, बल्कि भविष्य की राह भी दिखाता है। इसलिए बड़ा या महान् साहित्य समय और भौगोलिक सीमाओं को पार कर हर समय में पाठकों के अनुभव-मानचित्र की भौगोलिक सीमाओं का विस्तार कर पाने में सक्षम होता है।

'भारतदुर्दशा' नाटक वर्तमान समय में भी पाठकों के भीतर एक नयी चेतना और अपने समय एवं समाज को देखने की एक नयी दृष्टि प्रदान करता है। 'भारतदुर्दशा' नाटक सन् 1875 ई. में प्रकाशित हुआ था यानी क़रीब 140 वर्ष पूर्व लिखी गयी यह रचना आज भी बहुत सारे आयामों में प्रासंगिक है। फ़र्क़ केवल इतना आया है कि तब विदेशियों ने भारत को खोखला करने में कोई कसर नहीं छोड़ी थी और अब अपने ही लोग व्यक्तिगत स्वार्थ-सिद्धि के लिए घात-पर-घात कर देश और देश के लोगों की हालत को ख़राब करने में लगे थे। भारत की दुर्दशा के जो कारण तब थे, उनमें से अधिकांश आज भी हमारे देश के सामाजिक जीवन में व्याप्त हैं। 'भारतदुर्दशा' की वर्तमान प्रासंगिकता को समझने के लिए भारतेन्दु ने नाटक में 'भारतदुर्दशा' के जिन बिन्दुओं पर चर्चा की थी, उन बिन्दुओं को वर्तमान परिवेश और समय के आलोक में देखना आवश्यक होगा।

भारत की दुर्दशा के अनेक कारणों में से एक कारण भारतेन्दु ने धर्म का विकृत रूप बताया। तत्कालीन भारत में हिन्दू धर्म के अनेक मत प्रचलित हो चले थे जैसे–

शैव, शाक्त, वैष्णव इत्यादि। फिर समय के साथ इनके बीच प्रतिस्पर्धा बढ़ी, मतभेद हुए और ये एक-दूसरे के विरोधी होते चले गये। धर्म के मर्म को भुलाकर इन्होंने एक दूसरे के प्रति ईर्ष्या और नफ़रत का भाव रखा। तत्कालीन समाज धर्म और जाति के नाम पर लड़-लड़कर इतना कमज़ोर हो गया था कि विदेशी आक्रमणकारियों को भारत में घुसकर राज करने का अवसर मिल गया। यदि हम वर्तमान भारत की स्थिति देखें तो आज भी धर्म के नाम पर लड़ाई जारी है। आज भी हमारे देश में अक्सर हिन्दू और मुसलमानों के बीच संघर्ष देखने को मिलता है। समस्या इतनी विकट रूप धारण कर चुकी है कि दोनों धर्म के लोग एक-दूसरे को सन्देह की दृष्टि से देखते हैं। ऐसा भी देखने में आता है कि एक-दूसरे को नीचा दिखाने के लिए व अपराधी बताने के लिए अपने-अपने धर्म के ठेकेदार या रक्षक समझे जाने वाले लोग किसी भी सीमा को लाँघ जाते हैं। हिन्दू-मुसलमानों के बीच आपसी टकराहट को जन्म देने में मीडिया, सोशल मीडिया तथा फ़िल्म इंडस्ट्री के नेगेटिव रोल को भी नकारा नहीं जा सकता। समाचारपत्र तथा समाचार चैनलों पर अक्सर ऐसी ख़बरें देखने को मिलती हैं, जिनमें किसी निरपराध मुसलमान की हत्या केवल शक के आधार पर हिन्दू द्वारा कर दी गयी तो कभी मुसलमान द्वारा किसी निरपराध हिन्दू की हत्या कर दी गयी। आज वाट्सएप्प यूनिवर्सिटी के माध्यम से धार्मिक उन्माद और कट्टरता फैलाने के लिए एक पूरा-का-पूरा सिस्टम काम कर रहा है।

भारतेन्दु ने नाटक में भारत के कमज़ोर होने का एक बड़ा कारण समाज में जातिप्रथा का होना माना था। परन्तु आज़ादी के इतने लम्बे समय के बाद भी हमारे समाज से आज भी पूरी तरह से जातिप्रथा का उन्मूलन नहीं हुआ है। यह बात और है कि शिक्षा व भूमण्डलीकरण के प्रभाव औए प्रेम-विवाह के कारण जातिप्रथा की जड़ें कुछ हद तक कमज़ोर हुई हैं लेकिन वे पूरी तरह समाप्त नहीं हुई हैं। आज भी हमारा समाज अन्तरजातीय विवाह को लेकर बहुत उदार नहीं दिखाई देता है। अपवाद को छोड़ दें तो प्रेमियों को अन्तरजातीय विवाह के लिए अभी भी संघर्ष करना पड़ता है। मज़ेदार बात यह है कि उस वक़्त परिस्थितियों में धर्म और जाति के नाम पर कमज़ोर हो चुके समाज की कमियों का लाभ अंग्रेज़ उठा रहे थे और आज के समय में ख़ुद को जनता का मसीहा घोषित करने वाले नेता इस सामाजिक कमी का लाभ उठाकर अपना स्वार्थ सिद्ध कर रहे हैं। जाति-आधारित राजनीति आज हमारे देश का स्वीकृत सच बन चुका है। आज भी नेताओं द्वारा वोट प्राप्त करने के लिए 'कास्टकार्ड' ख़ूब खेला जाता है। तब की परिस्थितियों में जनता का सारा पैसा अंग्रेज़ी हुकूमत के पास जा रहा था और आज के समय में जनता का सारा पैसा नेताओं और नौकरशाहों की तिजोरी भरने के काम आ रहा है। कहना न होगा कि

वक़्त बदला, सिस्टम बदला लेकिन बाक़ी की सारी समस्याएँ कमोबेश आज भी हमारे देश में बनी हुई हैं।

भ्रष्टाचार आज भी हमारे सिस्टम का एक अनिवार्य अंग है। नेताओं और उच्च अधिकारियों के यहाँ मिलने वाली अकूत सम्पत्तियाँ सिस्टम के स्याह सच का ज्वलन्त उदाहरण हैं। ऊँचे-ऊँचे विश्वविद्यालयों से लेकर कार्यालयों तक में होने वाली जातिगत भेदभाव की घटनाओं की सूचना से आज भी हमारे समाचारपत्र ख़ाली नहीं हैं।

धर्म के नाम पर अन्धविश्वास फैलाने वाले किस तरह सत्ता से मिले होते हैं, इसका चित्रण भी भारतेन्दु ने नाटक में किया है। तत्कालीन भारत में जिस तरह वेदान्त के सिद्धान्तों का विकृत रूप प्रचलित हो गया था, आज भी स्थिति उससे अलग नहीं है। आज लोग श्रुति तथा स्मृति साहित्य का अन्तर न समझकर, केवल अपने मतलब के अनुसार वेदों तथा पुराणों से उन्हीं बातों को ग्रहण करते हैं जो उनके अहंकार की पुष्टि में सहायक होते हैं। आज भी धर्म के नाम पर बाह्याडम्बर और अन्धविश्वास का बोलबाला हमारे देश में विद्यमान है। लोग आज भी धर्म का वास्तविक मर्म समझे बग़ैर अपने धर्म को श्रेष्ठ तथा दूसरे के धर्म को छोटा साबित करने में लगे हुए हैं। वे इस बात को समझ नहीं पाते कि धर्म का मूल उद्देश्य मानव कल्याण है।

भारतेन्दु ने इस नाटक में धन के अपव्यय तथा स्त्री-शिक्षा की आवश्यकता पर भी बल दिया है। तत्कालीन भारत में धन का अपव्यय अदालत, फ़ैशन तथा सिफ़ारिश में होता था। आज भारत में ही नहीं, अपितु विश्व भर में फ़ैशन के पीछे धन का अपव्यय हो रहा है। न जाने कितने लाखों-करोड़ों की फ़ैशन इंडस्ट्री ने पूरी दुनिया के बाज़ार पर अपना क़ब्ज़ा जमा लिया है। जब कि इसका आर.ओ.आई. (रिटन ऑन इनवेस्टमेंट) कुछ भी नहीं है, बल्कि इससे लोगों की अपने देह के प्रति आसक्ति बढ़ रही है, लोग अपनी चेतना में वृद्धि करने की जगह अपनी काया की ख़ूबसूरती बढ़ाने पर ज़्यादा समय व ज़्यादा धन ख़र्च कर रहें हैं। विशेष रूप से स्त्रियाँ फ़ैशन और ब्यूटी प्रोडक्ट्स की मायाजाल के तरफ़ ज़्यादा आकर्षित होते हुए दिखाई दे रही हैं। आँकड़े बताते हैं कि दसवीं के बाद से लड़कियाँ पढ़ाई में लड़कों से पिछड़ जाती हैं। देश की राजनीति, विज्ञान, खेल तथा कार्यालयों में स्त्रियों की संख्या पुरुषों की अपेक्षा आज भी बहुत कम है। यह संयोगवश नहीं है अपितु इसका एक बड़ा कारण यह भी है कि ग्रामीण भारत के अधिकांश हिस्से में आज भी लड़कियों की पढ़ाई-लिखाई को बहुत महत्त्व नहीं दिया जाता है और बड़े शहरों में पलने वाली ज़्यादातर लड़कियों का ध्यान किशोरावस्था तक आते-आते इस बात

की तरफ़ ज़्यादा रहता है कि वे कैसे ज़्यादा-से-ज़्यादा ख़ूबसूरत व आकर्षक दिखें। हालाँकि यह बात पुरुषों पर भी लागू होती है। उनमें भी ज़्यादा-से-ज़्यादा आकर्षक और ख़ूबसूरत दिखने की होड़ मची हुई है। इसलिए आज का बाज़ार स्त्री-पुरुषों के लिए तरह-तरह के सौन्दर्य-प्रसाधन बेचने का दावा कर रहा है, बाज़ार किसी को गोरा रंग बेच रहा है, किसी की लम्बाई बढ़ा देने का विश्वास बेच रहा है, किसी को मोटा तो किसी को पतला करने का दावा कर रहा है। जब कि इस फ़ैशन इंडस्ट्री की वजह से हमारी धरती पर जलवायु संकट का ख़तरा प्रतिवर्ष बढ़ता जा रहा है। यह जान लेना आवश्यक है कि यूरोपियन पार्लियामेंट के सर्कुलर इकोनॉमी द्वारा 2020 की रिपोर्ट तथा अन्य कई सर्वेक्षणों में बताया गया है कि "फ़ैशन इंडस्ट्री से क़रीब दस प्रतिशत ग्रीनहाउस गैस निकलती है," जो हमारे जीवन और पर्यावरण के लिए अत्यन्त हानिकारक है। कॉस्मेटिक प्रोडक्ट्स एवं फ़ैशन प्रोडक्ट्स बनाने के लिए जानवरों की हत्या भी की जाती है। केवल अपना रंग-रूप सँवारने एवं अनर्गल महत्त्वाकांक्षाओं को पूरा करने के लिए वन्यजीवों की हत्या करना और जैव-विविधता के सन्तुलन को बिगाड़ना सीधे तौर पर पृथ्वी को संकट में डाल देना है। इसके भयावह परिणामों की जितनी चर्चा की जाये, उतना कम है। दुनिया को विध्वंस से बचाने के लिए, बहुत से धन और कारगर उपायों की आवश्यकता है। लेकिन विडम्बना यह है कि अधिकांश लोग इस संवेदनशील मुद्दे से मुँह फेर लेते हैं। ऐसे समय में 'भारतदुर्दशा' नाटक में फ़ैशन के प्रति बढ़ते आकर्षण, फ़ैशन के प्रति धन का अपव्यय आदि विषयों के प्रति भारतेन्दु का चिन्तित होना यह दिखाता है कि भविष्य की ख़तरनाक आहटों को वे कहीं न कहीं महसूस कर पा रहे थे। ऐसे में काल के लम्बे अन्तराल के बाद भी यह नाटक कितना प्रासंगिक है, इस बात को आसानी से समझा जा सकता है।

'भारतदुर्दशा' नाटक में भारतेन्दु ने तत्कालीन समाज में व्याप्त आलस्य के कारण कमज़ोर और शिथिल पड़ते समाज का चित्र प्रस्तुत किया है। भारतेन्दु ने नाटक में यह बताया है कि किस तरह से आलस्य के कारण लोगों ने स्वयं अपनी दुर्गति कर रखी है। आज भी कमोबेश स्थिति वैसी ही हैं। आज भी भारत के ज़्यादातर मध्यवर्गीय लोगों की यही सोच होती है कि कैसे कम काम कर के ज़्यादा-से-ज़्यादा पैसे कमाये जायें। यह कोई संयोग नहीं कि आज भारत का युवा सरकारी नौकरियों के पीछे अपने जीवन के स्वर्णिम वर्षों को गँवा देता है। इसके पीछे यह सोच भी काम करती है कि सरकारी नौकरी में सुरक्षा है और यहाँ कामचोरी का भी पर्याप्त स्पेस मौजूद है। जो युवा देश की तरह-तरह से उन्नति कर सकता था, अपनी ऊर्जा से देश के भविष्य को एक नयी दिशा दे सकता था, उसकी पूरी की पूरी ऊर्जा

सरकारी नौकरी पाने के पीछे ख़त्म हो जाती है, क्योंकि हमारा समाज और हमारी शिक्षा-व्यवस्था नौकरी पाने या नौकरी लेने को इतना महत्त्व देती है कि बाकी बहुत-सी ज़रूरी चीज़ें उसके आगे छोटी हो जाती हैं। आज भी आये दिन बड़ी-बड़ी परीक्षाओं में (पेपर लीक के मामले या बड़े पद पर बैठे हुए लोगों का सिस्टम में अपने लोगों को फ़िट करने का गणित यह बताता है कि) सिफ़ारिश, भ्रष्टाचार और तमाम तरह की धाँधलियों से योग्य प्रतिभागियों को बहुत बार निराश होना पड़ता है जो हर तरह से सभ्य और प्रगतिशील देश के निर्माण में घातक है। हम कह सकते हैं कि 'भारतदुर्दशा' में वर्णित तत्कालीन समय में व्याप्त भ्रष्टाचार समय के साथ हमारे देश में और अधिक विस्तृत होता गया है।

भारतेन्दु ने भारत की तत्कालीन दुर्गति में लोगों में मदिरा पीने की बुरी लत को भी प्रमुख कारण माना है। तत्कालीन भारत में शराब पीने की आदत लोगों में बढ़ती जा रही थी, जो आज के समय में एक क़दम आगे बढ़कर फ़ैशन के रूप में प्रचलित हो चुकी है। शराब के नशे को बहुत हद तक एक सामाजिक स्वीकृति मिल गयी है। बच्चे चौदह-पन्द्रह वर्ष की आयु तक पहुँचते-पहुँचते क्लब में जाकर शराब पीने और धूम्रपान करने के आदी हो रहे हैं। वहीं ग़रीबों की बात की जाये तो वे भी अपनी क्षमता अनुसार सस्ती शराब पी रहे हैं, जिससे कई बार उनकी जान भी चली जाती है। भारत में कुछ एक राज्यों को छोड़कर सभी राज्यों में खुलेआम शराब की बिक्री होती है। इसका एक बड़ा कारण वही है जो भारतेन्दु ने नाटक में बताया है कि 'मदिरा' सरकार की आय का सबसे बड़ा स्रोत होती है, जो कदाचित् आज भी है। इसीलिए सरकारें इसे प्रतिबन्धित करने का साहस नहीं जुटा पाती हैं। जब कि आज़ादी के नायक महात्मा गांधी के सपनों के भारत में मदिरापान या शराबख़ाने के लिए कहीं कोई जगह नहीं थी।

नाटक में ब्रिटिश शासन द्वारा भारतीय अर्थव्यवस्था के शोषण की चर्चा की गयी है। आज भी आर्थिक असमानता और ग़रीबों की स्थिति समाज में एक गम्भीर मुद्दा बनी हुई है। ब्रिटिश राज में भारत के सभी लघु व मध्यम उद्योग धीरे-धीरे ख़त्म हो रहे थे। जनता छोटी-से-छोटी ज़रूरत की चीज़ें विदेशी कंपनियों से ख़रीदने पर मजबूर थी। आज भी भारत में यही हो रहा है, बल्कि और अधिक मात्रा में हो रहा है। मल्टी नेशनल कंपनियाँ यहाँ फैल रही हैं और लोग इंटरनेशनल ब्रांड के नाम पर उनके पीछे भाग रहे हैं, जिससे भारत की निजी कंपनियाँ फलीभूत नहीं हो पा रहीं। बहुराष्ट्रीय कम्पनियों के आगमन एवं उनकी सुदृढ़ मार्केटिंग सिस्टम के कारण हमारे देश के लघु एवं मध्यम उद्योग धीरे-धीरे दम तोड़ने के कगार पर खड़े हैं। सरकार भी जी.डी.पी. को तेज़ी से बढ़ाने के लिए विदेशी कंपनियों को भारत में आकर

फैक्ट्री खोलने और व्यापार करने का न्योता देती है। देश की निजी कंपनियाँ भी यदि किसी क्षेत्र में हैं तो उस क्षेत्र में उनकी अपनी मोनोपॉली होने के कारण वे जनता से ख़ूब लाभ उठाती हैं और फिर उस क्षेत्र में नये उद्योगों के लिए अपनी जगह बना पाना कठिन हो जाता है। ऐसी चीज़ें भारत को पूँजीवादी व्यवस्था की ओर अग्रसर कर रही हैं, जहाँ सीमित लोगों के पास बहुतायत मात्रा में धन होता है और देश की एक बड़ी जनसंख्या शोषण का शिकार होती है।

भारतेन्दु ने अन्धकार और रोग नामक पात्र के माध्यम से यह दर्शाया है कि तत्कालीन भारत की दुर्दशा का एक बड़ा कारण सही शिक्षा की कमी थी। क्योंकि जहाँ ज्ञान का प्रकाश होता है, वहाँ अन्धकार का कोई स्थान नहीं होता। आज भी भारत में शिक्षा का स्तर बहुत अच्छा नहीं है। सरकारों द्वारा शिक्षा पर किया जाने वाला ख़र्च कुल बजट का बहुत छोटा हिस्सा होता है। इससे साफ़ पता चलता है कि सरकारें शिक्षा-व्यवस्था को उन्नत बनाने के लिए बहुत ज़्यादा उत्साहित नहीं हैं। आज भारत शिक्षा के स्तर के मामले में विश्व के उन तमाम देशों से पिछड़ा हुआ है जो भारत के साथ ही स्वतन्त्र हुए थे।

भारतेन्दु ने भारतीयों की तत्कालीन भारत में क्या सोच थी, उसका भी वर्णन नाटक के पाँचवें अंक में किया है। उसमें दर्शाया गया है कि किस तरह कुछ शिक्षित वर्ग के लोग भारत की दुर्दशा के बारे में जानते तो हैं लेकिन चूँकि उनकी ज़िन्दगी बेहतर चल रही है, इसलिए वे बाकी लोगों की ज़िम्मेदारी नहीं लेना चाहते। आज भी उच्च पदों पर आसीन लोग और हमारे 'सो कॉल्ड' भाग्यविधाता नेता देश की वास्तविक और आधारभूत समस्याओं से परिचित तो हैं लेकिन चूँकि उनकी ज़िन्दगी बेहतर चल रही है, वे जनता के पैसे से मौज उड़ा रहे हैं, जिसके कारण (धरातल पर सही मायने में जनता और जनता की समस्याओं से उन्हें कोई मतलब नहीं) सही मायने में जनता और देश के विकास के लिए काम करने वाले अधिकारियों या नेताओं की संख्या बहुत कम या नगण्य है।

अन्तिम अंक में भारतेन्दु ने 'भारतभाग्य' नामक पात्र के माध्यम से भारत में व्याप्त 'भाग्यवाद' को दर्शाया है। भारत नामक पात्र कभी कृष्ण को तो कभी राजराजेश्वरी को अपनी मुक्ति के लिए पुकारता है। 'भारत' मानसिक रूप से भी कमज़ोर, बेबस और पराधीन है। हमारे देश में आज भी भाग्यवाद जैसी अवैज्ञानिक बातों का बोलबाला है। यदि ऐसा नहीं होता तो चेहरा पढ़कर भाग्य बताने वाले बाबाओं के यहाँ इतनी भीड़ नहीं उमड़ती।

भारत में आज भी तमाम तरह की समस्याएँ हैं। भारत का शिक्षित वर्ग उन समस्याओं से वाक़िफ़ है लेकिन कोई भी विद्रोह करने, व्यवस्था बदलने या क्रान्ति

लाने के बारे में नहीं सोचता। हम उस विकृत शिक्षा-व्यवस्था का शिकार हैं जो हमें सत्ता के सामने झुकने का पाठ पढ़ाती है। जो हमें यह बताती है कि हमें बचाने वाला शायद कोई ऊपर से आयेगा। हमने यह सोचना छोड़ दिया है कि वास्तविक क्रान्ति हमारे भीतर से ही पैदा हो सकती है। भारत की प्राचीन परम्परा यही कहती है कि पुरुषार्थ मनुष्य के कर्म करने में है, न कि भाग्य पर आश्रित रहने में। वेदान्तिक सिद्धान्त है–'शिवोहम्' यानी शिव मुझमें है और शिव का मुझमें होने का अर्थ यह होता है कि–मनुष्य अपने समस्त भयों को त्यागकर तथा अपनी सीमाओं को पार कर उस शिव को ख़ुद में प्राप्त कर सकता है।

यह अत्यन्त खेद की बात है कि आज़ादी के इतने वर्षों बाद भी भारतीय अपनी स्थिति में बहुत क्रान्तिकारी सुधार न ला सके। भौतिक रूप से भारत ने थोड़ी-बहुत प्रगति कर ली है लेकिन जीवन जीने के सही ढंग को लेकर भारतीय समाज आज भी उतना ही पिछड़ा हुआ है जितना डेढ़ सौ वर्ष पहले पिछड़ा हुआ था। 'भारतदुर्दशा' नाटक के अधिकांश प्रतीकात्मक पात्र आज के भारत में वास्तविक रूप में देखने को मिल जायेंगे। जनता में आज भी शिक्षा का स्तर बहुत अच्छा नहीं है, डॉक्टरों से अधिक बाबा-तान्त्रिक आदि की लोग सुनते हैं। पुलिस पर जनता का भरोसा नहीं है क्योंकि वह सत्ता और अमीरों की कठपुतली है। इस प्रकार की तमाम विकृतियाँ आज भी भारतीय समाज में व्याप्त हैं जिनकी नाटक के परिप्रेक्ष्य में ऊपर चर्चा की गयी है। इसलिए 'भारतदुर्दशा' नाटक के माध्यम से भारतेन्दु ने तब की जनता के लिए जो सन्देश दिया था, वह आज की जनता के लिए भी प्रासंगिक है।

कहने की आवश्यकता नहीं कि यह नाटक भारतीय संस्कृति और उसकी पहचान की रक्षा की आवश्यकता पर ज़ोर देता है। ग्लोबलाइजेशन और पश्चिमी प्रभाव के बीच भारतीय संस्कृति और उसके मूल्यों को बनाये रखने की चुनौती आज भी उतनी ही प्रासंगिक है। यह नाटक राष्ट्रीय चेतना और देशभक्ति की भावना को प्रबल करता है, जो आज के समय में भी आवश्यक है, विशेष रूप से तब जब देश विभाजनकारी ताक़तों का सामना कर रहा है।

किसी रचना की प्रासंगिकता इस तथ्य से निर्धारित होती है कि रचना में वर्तमान की समस्याओं का हल निहित है या नहीं, और वह रचना जनता के मार्गदर्शन में सफल है या नहीं। 'भारतदुर्दशा' नाटक आज के भारत की समस्याओं को सम्बोधित करने में भी सफ़ल है। अत: इसकी प्रासांगिकता आज भी बनी हुई है।

'भारतदुर्दशा' में सामाजिक चेतना

'भारतदुर्दशा' नाटक की रचना भारतेन्दु हरिश्चन्द्र ने तब की थी जब भारत ब्रिटिश शासन के अधीन था। इस नाटक में पराधीन भारत के सामाजिक और राजनीतिक जीवन की गाथा है। भारतेन्दु हरिश्चन्द्र साहित्यप्रेमी तो थे ही, साथ-ही-साथ देशप्रेमी भी थे। तत्कालीन देश की दुर्दशा देखकर वे चिन्तित रहते थे। इसलिए उन्होंने देश की दुर्दशा के वास्तविक कारणों की जाँच-पड़ताल करने का निर्णय लिया। उनकी पारखी और तीक्ष्ण दृष्टि से यह तथ्य छिप न सका कि भारत की दयनीय दशा के पीछे बाह्य कारकों के साथ-साथ आन्तरिक कारकों की भी ज़बरदस्त भूमिका है। किसी भी राष्ट्र की उन्नति या अवनति के बीज उसके समाज में ही निहित होते हैं। भारतेन्दु ने इस तथ्य को बख़ूबी समझा और इसी तथ्य को जनसाधारण को समझाने के लिए 'भारतदुर्दशा' नामक कालजयी नाटक की रचना की।

भारतेन्दु ने देखा कि भारत की अवनति के दो बड़े कारण धार्मिक और सामाजिक विसंगतियाँ हैं। उन्होंने उन विसंगतियों को दूर करने की दिशा में महत्त्वपूर्ण प्रयास किये। उन्होंने भारत के गौरवमयी इतिहास का गहराई से अध्ययन किया और वर्तमान भारत की पतनशील स्थिति पर चिन्ता ज़ाहिर की। इतिहास सामाजिक जीवन से ही बनता है। इसलिए इतिहास का विवेचन-विश्लेषण करते समय उनकी दृष्टि सामाजिक ढाँचे पर भी बनी रही। उन्होंने अपने समय के समाज की जिन विसंगतियों को देखा, उसे बहुत बेबाकी के साथ 'भारतदुर्दशा' नाटक में प्रस्तुत किया।

भारतेन्दु भारत की दुर्गति के अनेक कारणों में से एक बड़ा कारण समाज में व्याप्त धार्मिक आडम्बर को मानते हैं जिसका स्पष्ट उल्लेख नाटक में देखने को मिलता है। नाटक का पात्र 'सत्यानाश फ़ौजदार' कहता है कि–

बहुत हमने फैलाए धर्म। बढ़ाया छुआछूत का कर्म।

तत्कालीन समाज में धर्म का जो स्वरूप प्रचलित था, उसने समाज में जड़ता उत्पन्न की, वैज्ञानिक चिन्तन को हतोत्साहित किया तथा जाति-भेद को बढ़ावा दिया।

समाज के लिए जो-जो नियम हानिकारक थे, उन सभी को समाज में शास्त्रीय नियम की स्वीकृति प्राप्त थी। तत्कालीन समाज तमाम तरह की विकृतियों का डेरा था। बाल-विवाह का प्रचलन था, विधवा-विवाह की अनुमति नहीं थी, जाति-प्रथा का बोलबाला था और विदेशी यात्राओं को हीन दृष्टि से देखा जाता था एवं उसका निषेध किया जाता था, जिसके कारण पश्चिमी ज्ञान-विज्ञान से भारतीय लोग लम्बे समय तक वंचित रहे। धर्म के नाम पर विभिन्न प्रकार की कुरीतियों को सामाजिक स्वीकृति मिल गयी थी। विभिन्न प्रकार के धर्मसम्प्रदाय आगे बढ़ने के लिए आपस में होड़ मचा रहे थे जिसका उद्घाटन करते हुए भारतेन्दु लिखते हैं–

रचि बहु बिधि के वाक्य पुरानन माँहि घुसाए।
शैव शाक्त वैष्णव अनेक मत प्रगटि चलाए।।

'भारतदुर्दशा' नाटक में भारतेन्दु हरिश्चन्द्र ने सामाजिक चिन्ताओं को प्रभावी ढंग से प्रस्तुत करने के लिए संवादों और कविताओं का उपयोग किया है। इन संवादों और कविताओं के माध्यम से उन्होंने समाज में व्याप्त समस्याओं, अंग्रेज़ी शासन के प्रभाव और सुधार की आवश्यकता पर प्रकाश डाला है।

भारतेन्दु का मार्ग सत्यान्वेषण का मार्ग था। उन्होंने अपने समय के समाज सुधारकों जैसे राजा राममोहन राय और केशवचन्द्र सेन की तरह ही अनुभव किया कि भारतीय सामाजिक जीवन की अवनति ही राष्ट्र की प्रगति में और समाज के एकीकरण में बाधक है। इसलिए उन्होंने बड़े स्तर पर सामाजिक परिवर्तन की वकालत की। वे समय के साथ समाज के नियमों में बदलाव व व्यापक सामाजिक क्रान्ति के पक्षधर थे। वे अपने निबन्ध 'भारतवर्षोन्नति कैसे हो सकती है?' में लिखते हैं–

"सब बातों को छोड़ो जो तुम्हारे पथ के कंटक हों, चाहे तुम्हें लोग निकम्मा कहें या नंगा कहें, क्रिस्तानी कहें या भ्रष्ट कहें। तुम केवल अपने देश की दीन-दशा देखो और उनकी बात मत सुनो।...जो लोग अपने को देश हितैषी मानते हों, वह सुख को होम करके, अपने धन और मान का बलिदान करके, कमर कस के उठें। देखा देखी थोड़े दिन में सब ठीक हो जायेगा। अपनी ख़राबियों के मूल कारणों को खोजो। कोई धर्म की आड़ में, कोई सुख की आड़ में छिपे हैं। उन चोरों को वहाँ-वहाँ से पकड़कर लाओ। उनको बाँध-बाँधकर क़ैद करो।...इस समय जो बातें तुम्हारी उन्नति के पथ में काँटा हों, उनकी जड़ खोदकर फेंक दो।"

शताब्दियों से हिन्दू समाज में व्याप्त जाति व्यवस्था ने समाज को अनगिनत खण्डों में विभाजित कर दिया था। व्यक्ति का जन्म जिस जाति में होता था, उसी के

नियमानुसार उसका जीवन चलता था। वह क्या खायेगा, किसके साथ खायेगा, किससे विवाह करेगा आदि सभी बातों का निर्णय उसकी जाति से होता था। प्रत्येक जाति ने अपने से एक निचली जाति खोज निकाली थी ताकि वे स्वयं को श्रेष्ठ महसूस कर सकें और निचली जाति के लोगों का शोषण कर सकें। समाज में कुछ जातियों को अस्पृश्य घोषित कर दिया गया था। समाज विरोधी तत्त्व न केवल हिन्दू समाज को ग्रसित किये हुए थे अपितु मुस्लिम समाज भी इससे ग्रसित था। इस्लाम में क़ुरान के अनुसार ऊँच-नीच की कोई व्यवस्था नहीं है। लेकिन मुस्लिस समाज में भी ऊँच-नीच का बोलबाला था। हिन्दू समाज की तरह उनमें भी अस्पृश्यता का भाव निहित था। कहना न होगा कि वास्तव में जाति-प्रथा एक अमानवीय, अपमानजनक तथा जन्मगत असमानता पर आधारित सामाजिक दोष है, जिसने भारतीय समाज को हमेशा से कमज़ोर किया है। जाति-व्यवस्था ने न सिर्फ़ समाज को विखण्डित किया बल्कि राष्ट्रीय भावना के उद्‌भव और विकास को भी बाधित किया। इसलिए भारतेन्दु जाति के आधार पर भेदभाव और ऊँच-नीच की भावना को त्याज्य ठहराते हुए लिखते हैं–

जाति अनेकन करी नीच अरु ऊँच बनायो।
खान-पान संबंध सबन सों बरजि छुड़ायो।।

भारतेन्दु मानते हैं कि समाज में एकत्व का भाव लाने के लिए मानव-मानव के बीच समानता होना आवश्यक है। केवल जन्म के आधार पर किसी को श्रेष्ठ या किसी को निकृष्ट मानना न केवल समाज और राष्ट्र की प्रगति के लिए हानिकारक है, बल्कि यह वैज्ञानिक सोच और मानवता के विरुद्ध भी है। उन्होंने नाटक में भारतीयों के संकीर्ण चिन्तन पर कटाक्ष किया है तथा उन्हें एकता का सन्देश देते हुए लिखा है–

छोटे चित अति भीरु, बुद्धि मन चंचल बिगत उछाह।
उदर-भरन-रत, ईस बिमुख सब भए प्रजा नरनाह।।
इनसों कुछ आस नहिं ये तो सब विधि बुधि-बल हीन।
बिना एकता-बुद्धि कला के भए सबहि बिधि दीन।।

नाटक के अन्तिम अंक में भारतेन्दु 'भारतभाग्य' के माध्यम से नाटक की मूल संवेदना का वर्णन करते हुए लिखते हैं–*छिन्न-भिन्न होकर सब नरक की यातना भोगते हैं, उस पर भी नहीं चेतते...हा! भारत! तेरी क्या दशा हो गयी।* इन पंक्तियों के माध्यम से भारतेन्दु ने भारतीय जनमानस को न सिर्फ़ एकता का महत्त्व समझाया है

बल्कि परस्पर सहयोग और सौहार्द से जीवन जीने की प्रेरणा भी दी है। उनका मानना था कि सामाजिक संकीर्णताओं और वैचारिक मतभेदों को त्यागकर ही समाज और राष्ट्र को सशक्त बनाया जा सकता है। भारतेन्दु ने अपने निबन्ध 'भारतवर्षोन्नति कैसे हो सकती है?' में लिखा है–"बंगाली, मरट्ठा, पंजाबी, मदरासी, वैदिक, जैन, ब्राह्मण, मुसलमान सब एक का हाथ एक पकड़ो।" इन पंक्तियों के माध्यम से भारतेन्दु ने जनसाधारण में क्षेत्रीयता और धार्मिक मतभेदों को त्यागकर एकजुट होने का सन्देश दिया है। उनका मानना था कि एकता ही भारत की समृद्धि की प्राथमिक सीढ़ी है।

भारतेन्दु ने जाति-प्रथा और धर्म के नाम पर निरन्तर कमज़ोर होते भारतीय समाज का तो चित्रण किया ही है, इसके अतिरिक्त तत्कालीन समाज में बड़े स्तर पर व्याप्त अशिक्षा, आलस्य और असंवेदनशीलता को भी उन्होंने देश की अवनति का एक बड़ा कारण माना है। उन्होंने दिखाया है कि कैसे लोग आलस्य और अन्धविश्वास में डूबे हुए हैं और अपने कर्तव्यों को भूल गये हैं, जिससे समाज की स्थिति लगातार बिगड़ रही है। प्रस्तुत काव्यांश में उन्होंने समाज में फैले आलस्य, अन्धविश्वास और असंवेदनशीलता की ओर इशारा किया है–

माँगि माँगि खै फलाला, बोझा बाँधि फिरें मतवाला।
यही काज अति मगन गँवार, दीनदयालु न काहू वार।

भारतेन्दु हरिश्चन्द्र उन मान्यताओं के विरोधी थे जो वैज्ञानिक चिन्तन के प्रतिकूल थीं। अत: उन्होंने रूढ़ियों और परम्परा से चली आ रही अवैज्ञानिक मान्यताओं का पुरज़ोर विरोध किया। इसी कड़ी में उन्होंने भारतीय समाज के विकास के लिए नारी शिक्षा की ज़रूरत को समझा तथा नारी-शिक्षा की हिमायत की। उन्होंने बाल-विवाह का विरोध किया तथा विधवाओं के पुनर्विवाह का पक्ष लिया। तत्कालीन समाज में यह मान्यता प्रचलित थी कि रजस्वला होने से पूर्व यदि कन्या का विवाह न किया गया तो पिता पाप का भागी होता है। इस प्रकार की अनुचित और अवैज्ञानिक कुरीतियों को धर्म के आवरण में समाज में प्रचलित कर दिया गया था। लेकिन भारतेन्दु ने वैज्ञानिक दृष्टिकोण का परिचय देते हुए बेझिझक इन कुरीतियों का विरोध किया। नाटक के तीसरे अंक में वे लिखते हैं–

बालकपन में ब्याहि प्रीति-बल नास कियो सब।
... ...
बिधवा-ब्याह निषेध कियो बिभिचार प्रचारयो।।

बालविवाह का सबसे बड़ा दोष यह था कि यदि कोई बालिका पन्द्रह-सोलह वर्ष की आयु में ही विधवा हो जाती थी तो उसका पुनर्विवाह सम्भव नहीं था। ऊपर से विधवा होने के अलग ही कष्ट थे। विधवाओं को समाज में उपेक्षा की दृष्टि से देखा जाता था, उन्हें अपने केश कटवाने पड़ते थे, उनका किसी पवित्र स्थान पर जाना वर्जित था, खाने-पीने की कई सारी चीज़ों पर प्रतिबन्ध था, उन्हें शृंगार आदि से दूर रहना पड़ता था और कई बार उन्हें सती तक हो जाना पड़ता था। तत्कालीन समाज में अनमेल विवाह और बहु विवाह भी बहुत प्रचलित था, जिससे नारी का वैवाहिक जीवन नरक बन जाता था। ऐसी प्रथाओं में स्त्री का जीवन कलुषित हो जाता था। पुरुष-प्रधान समाज में नारी मात्र भोग्या थी। इस विसंगति को उभारते हुए भारतेन्दु नाटक के तीसरे अंक में लिखते हैं–

जन्मपत्र बिधि मिले ब्याह नहिं होन देत अब।
... ...
करि कुलिन के बहुत ब्याह बल बीरज मार्यो।

इसलिए भारतेन्दु ने 'भारत दुर्दाशा' नाटक में बालविवाह व बहुविवाह का विरोध किया व विधवा-विवाह का समर्थन किया। उनका मानना था कि स्त्रियों को समाज की मुख्यधारा में जोड़े बग़ैर, उनको शिक्षित किये बग़ैर, समाज और देश की प्रगति सम्भव नहीं है।

भारतेन्दु को शिक्षा का महत्त्व भली-भाँति ज्ञात था। इसलिए अन्य समाज सुधारकों की भाँति वे भी पश्चिमी ज्ञान-विज्ञान को भारत के विकास के लिए आवश्यक समझते थे। उनकी प्रगाढ़ इच्छा थी कि पश्चिमी जगत् के उत्कृष्ट ज्ञान का भारत में प्रचार हो तथा उससे भारतीय लोग भी लाभान्वित हों। उन्होंने अपनी पत्रिका 'कविवचनसुधा', 'बालाबोधिनी' तथा 'हरिश्चन्द्र मैगज़ीन' में भी भारतीय लोगों को पश्चिम के ज्ञान-विज्ञान से जुड़ने के लिए प्रेरित किया। वे उन लोगों को कूपमण्डूक कहते थे जो पश्चिमी ज्ञान के आलोचक थे तथा भारत को पश्चिम के सम्पर्क से दूर रखना चाहते थे। नाटक के तीसरे अंक में वे लिखते हैं–

रोकि विलायतगमन कूपमण्डूक बनायो।
औरन को संसर्ग छुड़ाइ प्रचार घटायो।।

भारतेन्दु समाज में व्याप्त उन दोषों पर भी प्रहार करते हैं जिनके कारण भारतीय समाज ऊर्जाहीन और कान्तिहीन हो गया था। उन्होंने भारतीय लोगों में व्याप्त सन्तोष, अपव्यय, अदालत, फ़ैशन, सिफ़ारिश, फूट, डाह, लोभ, भय, उपेक्षा, स्वार्थपरता, पक्षपात, हठ, शोक तथा निर्बलता जैसे दुर्गुणों की ओर भी इशारा किया

है। थोड़ी-सी चीज़ों के प्राप्त हो जाने पर भारतीय लोगों के सन्तुष्ट हो जाने की प्रवृत्ति पर भारतेन्दु ने चिन्ता ज़ाहिर की है। उनका मानना था कि इस तरह की प्रवृत्ति अकर्मण्यता और निराशा को जन्म देती है। इस सन्दर्भ में नाटक के एक पात्र 'सत्यानाश फ़ौजदार' का यह वक्तव्य द्रष्टव्य है–"सन्तोष ने भी बड़ा काम किया। राजा-प्रजा सबको अपना चेला बना लिया। अब हिन्दुओं को खाने मात्र से काम, देश से कुछ काम नहीं। राज न रहा, पेनसन ही सही। रोज़गार न रहा, सूद ही सही। वह भी नहीं, तो घर ही का सही। 'सन्तोषं परमं सुखं', रोटी ही को सराह-सराह के खाते हैं। उद्यम की ओर देखते ही नहीं। निरुद्यमता ने भी सन्तोष को बड़ी सहायता दी।...व्यापार को इन्हीं ने मार गिराया।" नाटक के इस संवाद के माध्यम से भारतीय समाज में व्याप्त अकर्मण्यता और हाथ पर हाथ रख बैठे रहने की आलसी प्रवृत्ति की ओर भारतेन्दु ने संकेत किया है। भारतीय लोगों में व्याप्त इस तरह की बेकार आदतों के कारण भी भारत बल, तेज और अर्थ से हीन हो गया था।

भारतेन्दु का ऐसा मानना था कि आधुनिक चिन्तन को आत्मसात् करने से ही भारत का विकास हो सकता है। अवैज्ञानिक दृष्टिकोण को वे समाज से हटाना चाहते थे। उनका प्रगतिशील दृष्टिकोण इस नाटक में स्पष्ट रूप से झलकता है। नाटक में उन्होंने समाज में व्याप्त अन्धविश्वास पर कड़ा प्रहार करते हुए चौथे अंक में लिखा है–"...हैजा, डेंगू, एपिलेप्सी। भला इनको हिन्दू लोग क्या रोकेंगे? ये किधर से चढ़ाई करते हैं और कैसे लड़ते हैं जानेंगे तो हई नहीं, फिर छुट्टी हुई वरंच महाराज, इन्हीं से मारे जायँगे और इन्हीं को देवता करके पूजेंगे, यहाँ तक कि मेरे शत्रु डॉक्टर और विद्वान इसी विस्फोटक के नाश का उपाय टीका लगाना इत्यादि कहेंगे तो भी ये सब शीतला के डर से न मानेंगे और उपाय आछत अपने हाथ प्यारे बच्चों की जान लेंगे।" कहना न होगा कि भारतेन्दु अपनी चौकन्नी निगाह से समाज को कमज़ोर करने वाले हर एक पक्ष को भली-भांति देख-समझ पा रहे थे और विभिन्न संवादों व प्रतीक पात्रों के माध्यम से उनकी कोशिश थी कि समाज को उसका सच दिखाकर उसे जागरूक करने का प्रयास किया जाये।

भारतेन्दु भारतीयों को मोहनिद्रा से जगाकर खड़ा करना चाहते थे। शोषित समाज को वे एक नया जीवन देना चाहते थे। भारत ख़ाक हुआ जा रहा था लेकिन शताब्दियों से सोये भारतीय लोगों की निद्रा खुलने का नाम नहीं ले रही थी। इसलिए भारतीय लोगों की इस दशा पर व्यंग्य करते हुए वे नाटक के चौथे अंक में लिखते हैं–

मिल जाए हिन्द खाक में हम काहिलों को क्या।
ऐ मीरे फर्श रंज उठाना नहीं अच्छा।।

नाटक के अन्तिम अंक में 'भारतभाग्य' जागरण का आह्वान करता है। जागरण की यह लहर बंगाल में ब्रह्म-समाज से उठी थी। धीरे-धीरे समस्त भारत में विभिन्न संगठनों के माध्यम से यह आवाज़ फैली तथा रचनाकारों की लेखनी ने इसे और व्यापक बनाया। भारतेन्दु ने भारतीयों को उन कारणों से परिचित कराने का प्रयास किया जिसने भारत की एकता को क्षति पहुँचायी और भारत को औपनिवेशिक सत्ता का दास बना दिया। इस नाटक की रचना उन्होंने समाज को उन दोषों से मुक्त कराने के उद्‌देश्य से रचा जिनके कारण देश की निरन्तर दुर्गति हो रही थी और हमारा देश सामाजिक, राजनीतिक और आर्थिक स्तर पर पतन की ओर उन्मुख हो चुका था।

भारतेन्दु साहित्यकार होने के साथ-साथ एक समाज सुधारक भी थे। उन्होंने सुधारवादी दृष्टिकोण के प्रचार के लिए 'तदीय समाज' की स्थापना भी की थी। इसलिए आचार्य रामचन्द्र शुक्ल उनके योगदान का मूल्यांकन करते हुए उन्हें 'साहित्य के नये राग का प्रवर्तक' ('भारतदुर्दशा : मूल्यांकन और मूल्यांकन', विनय कुमार तिवारी, पृ. 76) कहते हैं। उनकी रचनाओं में मूलतः भारत के कल्याण की भावना अन्तर्निहित थी जो उनको विशिष्ट स्थान प्रदान करती है। उनके हृदय में क्रान्तिकारी ऊर्जा थी जो समाज को एक नयी दिशा देना चाहती थी। भारत की दुर्दशा का कारण भारत में संगठन की कमी और सामाजिक स्तर पर आपसी विभेद था। इसीलिए मुट्‌ठी भर लोगों का राष्ट्र यानी ब्रिटेन भारत जैसे बड़े देश पर अपना आधिपत्य जमाने में कामयाब हो सका। देश के उत्थान के लिए आवश्यक था कि भारतीय जनता वैज्ञानिक दृष्टिकोण अपनाकर एक राष्ट्र के रूप में उठ खड़ी हो। यही एकमात्र मार्ग था जिससे भारत अपना खोया हुआ पौरुष प्राप्त कर सकता था और परतन्त्रता की बेड़ियों से मुक्त हो सकता था।

देश को सुदृढ़ बनाने और परतन्त्रता से मुक्ति के लिए वे देश के युवाओं के महत्त्व को बख़ूबी समझते थे। नाटक के एक अन्य हिस्से में भारतेन्दु ने भारतीय नवयुवकों के भीतर राष्ट्रवादी भावना को जाग्रत करने का प्रयास किया है–

भारत के नवयुवक सब, भारत को बसें जो।
... ...
छोड़ि दई निज भाषा, अपने घर को फेंकियो।

यहाँ उन्होंने नवयुवकों को अपने देश और संस्कृति से जुड़ने और अपने मूल्यों और भाषा की ओर लौटने का आह्वान किया है। उन्होंने देश के युवाओं को विदेशी प्रभाव से मुक्त होकर भारतीय संस्कृति और भारतीय भाषा को पुनः अपनाने की आवश्यकता पर बल दिया है।

भारतेन्दु ने 'भारत-दुर्दशा' नाटक में प्रतीकों के माध्यम से ही सही, अंग्रेज़ी हुकूमत का क्रूर रूप प्रस्तुत कर समाज को जागरूक करने का प्रयास किया है।

'भारतदुर्दशा' में 'भारतेन्दु हरिश्चन्द्र' ने संवादों और कविताओं के माध्यम से सामाजिक, आर्थिक और राजनीतिक समस्याओं को उभारकर उनकी ओर ध्यान आकर्षित किया है। उन्होंने न केवल समस्याओं का वर्णन किया, बल्कि उनके समाधान की दिशा में भी विचार प्रस्तुत किये हैं। उनके संवादों और कविताओं में उनकी गहरी सामाजिक चिन्ता और राष्ट्र के प्रति उनकी प्रतिबद्धता स्पष्ट रूप से झलकती है।

कहना न होगा कि भारतेन्दु भारतवासियों की नवोदित आकांक्षाओं और राष्ट्रीयता के प्रतीक थे। वे सही अर्थों में भारतीय नवोत्थान के अग्रदूत थे।

'भारतदुर्दशा' में राष्ट्रीय चेतना

भारतेन्दु हरिश्चन्द्र की रचनाओं में अन्तर्वस्तु के स्तर पर जीवन, प्रकृति और समाज के विविध रंग देखने को मिलते हैं परन्तु उनकी रचनाओं के मूल में देशभक्ति तथा शृंगार-भाव परिलक्षित होते हैं। उन्होंने कई नाटकों का अनुवाद किया और विभिन्न विषयों पर आधारित महत्त्वपूर्ण मौलिक नाटकों की भी रचना की। उनके नाटकों के विषय इतिहास, समाज, संस्कृति, राजनीति तथा देशभक्ति से सम्बन्धित हैं। उनकी रचनाओं में समाज के लिए एक सुचिन्तित सन्देश होता है जिसे भारतेन्दु हरिश्चन्द्र अपनी प्रतिभा से आम भाषा में आम जनता तक पहुँचाने का प्रयास करते हैं। इसी कड़ी में सन् 1875 में उन्होंने 'भारतदुर्दशा' नामक महत्त्वपूर्ण और कलजयी नाटक की रचना की। यह नाटक उस समय की सामाजिक, राजनीतिक और आर्थिक परिस्थितियों पर आधारित है, जिसमें भारत की दुर्दशा और उसकी वजहों को प्रमुखता से उकेरा गया है। इस नाटक के माध्यम से भारतेन्दु ने राष्ट्रीय चेतना को जाग्रत करने का प्रयास किया है।

'भारतदुर्दशा' एक प्रतीकात्मक नाटक है। इस नाटक में प्रतीकों के माध्यम से देश की तत्कालीन दुर्दशा का बहुत जीवन्त चित्रण किया गया है। इस नाटक में 'भारत', 'भारतदुर्दैव', 'निर्लज्जता', 'आशा', 'अन्धकार', 'मदिरा', 'सत्यानाश फ़ौजदार', 'रोग', 'आलस्य', 'डिसलायलटी' आदि पात्रों का प्रतीक के रूप में प्रयोग कर भारत की तत्कालीन दशा के अलग-अलग आयामों का बहुत सच्चा वर्णन प्रस्तुत किया गया है। 'भारतदुर्दशा' नाटक का आरम्भ दुःख से होता है और इसका अन्त भी दुखान्त है। यही कारण है कि इसे बहुत से आलोचकों ने दुखान्त नाटक माना है। इस नाटक में व्यक्त पीड़ा वास्तव में भारतेन्दु के हृदय की पीड़ा है। यह वह पीड़ा है जो लेखक के हृदय में तत्कालीन भारत की दुर्दशा को देखकर उत्पन्न होती है। लेखक अपने गौरवशाली देश के अतीत की तुलना में दुखद वर्तमान की दशा देखकर गहरी पीड़ा से भर उठता है।

आन्तरिक व बाह्य दोनों स्तरों पर भारत का कमज़ोर होना, देश की अधिकांश जनता का दिग्भ्रमित होना आदि दुखद परिस्थितियाँ नाटक के पहले अंक से लेकर नाटक के अन्तिम अंक तक क्रमशः घनीभूत होती चली जाती हैं। नाटक के अन्त में न तो कोई सुख है, न तो सुख की कोई सम्भावना दिखाई देती है। इस प्रकार एक सामान्य पाठकीय निगाह 'भारतदुर्दशा' नाटक को एक ट्रैजिक रचना मानती है। लेकिन बच्चन सिंह की राय भिन्न है। वे 'भारतदुर्दशा' को कहीं से भी दुखान्त नाटक नहीं मानते। वे लिखते हैं कि–"इस देश को भाग्यवाद में गहरा विश्वास रहा है। पर इस नाटक में 'भारत-भाग्य' आत्महत्या कर लेता है। ऐसी स्थिति में कुछ लोग इसे ट्रेजडी मान लेते हैं। भाग्यवाद के विदा होने पर भारत के जागरण की सम्भावनाएँ बढ़ जाती हैं। अतः यह दुखान्त न होकर सुखान्त ठहरता है। यह हिन्दी का पहला राजनीतिक नाटक है।" ('हिन्दी साहित्य का दूसरा इतिहास', पृ. 299) बच्चन सिंह का यह कथन इस अर्थ में अवश्य महत्त्वपूर्ण है कि भाग्यवादी रवैया छोड़ देने पर जागरण की सम्भावनाएँ निश्चित ही बढ़ जाती हैं लेकिन यह भी सच है कि इस नाटक में अन्त तक उम्मीद की किसी किरण का न होना और 'भारतभाग्य' की आत्महत्या से उतपन्न दुःख इसे एक ट्रैजडी मूलक नाटक बनाता है।

यह एक लघु नाटक है जो कुल छह अंकों में विभाजित है। इस नाटक के पात्रों द्वारा देशभक्ति, समाजसेवा और भारत-माता की दुर्दशा पर चिन्ता के भावों को प्रमुखता से दर्शाया गया है। परन्तु इस नाटक की रचना का मूल उद्देश्य राष्ट्रीय चेतना को जनता के बीच नये सिरे से जाग्रत करना है। राष्ट्रीय चेतना का अर्थ होता है–राष्ट्र के प्रति लोगों की जागरूकता, उनके कर्तव्यों और अधिकारों का बोध। 'भारतदुर्दशा' नाटक में राष्ट्रीय चेतना को उभारने के लिए कई प्रतीकों और घटनाओं का उपयोग कर लेखक ने सामान्य जनता की चेतना पर एक सकारात्मक खरोंच उत्पन्न करने की कोशिश की है।

नाटक के प्रथम अंक में योगी नाम का एक पात्र आता है जो गीत के माध्यम से भारत की वर्तमान दुर्दशा का वर्णन करता है। वह लावणी के माध्यम से देश की सांस्कृतिक महानता का बखान करता है, महापुरुषों के गुणों का वर्णन करता है और भारत की वर्तमान दुर्दशा का कारण बताता है। गीत की पहली पंक्ति से ही लेखक के हृदय की घनीभूत पीड़ा और देश की दुर्दशा का मार्मिक चित्र बहुत जीवन्त भावबोध के साथ प्रस्तुत हो जाता है। 'भारतदुर्दशा' नाटक में भारतेन्दु का राष्ट्र-प्रेम और उनकी राष्ट्रीय चेतना की गूँज बार-बार ध्वनित होती है। नाटक में प्रस्तुत गीत

पूरे नाटक का सम्पूर्ण निचोड़ इस प्रकार प्रस्तुत करता है कि देश की दुर्दशा की सच्ची तस्वीर और लेखक के मन में इस दुर्दशा से उत्पन्न हुई पीड़ा के साथ पाठक और दर्शक बहुत सहजता से जुड़ जाते हैं–

रोअहु सब मिलिकै आवहु भारत भाई।
हा हा! भारतदुर्दशा न देखी जाई।।

नाटक की इन प्रारम्भिक पंक्तियों से यह स्पष्ट हो जाता है कि भारतेन्दु हरिश्चन्द्र के मन में गहरी देशभक्ति की भावना थी (वे अपने देश से बहुत प्यार करते थे और इस देश की वर्तमान दुर्दशा देखकर गहरी पीड़ा से भर उठते थे) अक्सर व्यक्ति दु:खों को बर्दाश्त करने का प्रयास करता है और जब दु:ख असहनीय हो जाये, तब वह रोने के लिए विवश हो जाता है। गीत की प्रथम पंक्तियों से ही यह स्पष्ट हो जाता है कि लेखक का दु:ख अपनी चरम सीमा पर है। इसलिए लेखक देश की जनता को मिलकर रोने का आह्वान करता है। वह इतनी गहरी पीड़ा में है कि अकेले रोने की हिम्मत भी नहीं जुटा पा रहा है। वह देश की वर्तमान दुर्दशा से इतना आहत है कि उसे दूर-दूर तक देश की वर्तमान परिस्थिति में सुधार की कोई सम्भावना भी नज़र नहीं आती। अत: उसके हृदय से यह स्वर बरबस ही फूट पड़ता है कि अब रोने के अलावा कोई और रास्ता शेष नहीं रहा।

भारतेन्दु ने इस नाटक में भारत की महान् संस्कृति और महान् परम्पराओं का स्मरण किया है। जिसका बड़ा कारण यह है कि वे वर्तमान पीढ़ी को देश की महानता और गौरवशाली अतीत की याद दिलाकर उसको जगाने की कोशिश कर रहे थे। इसलिए एक तरफ़ वे अतीत का गुणगान करते हुए वर्तमान समय में पतनशील समाज के प्रति गहरी चिन्ता ज़ाहिर करते हैं तो दूसरी ओर यह भी बताते हैं कि कैसे अंग्रेज़ी हुकूमत और अंग्रेज़ों संस्कृति के प्रभाव से मुक्त होने के लिए देश को एक नये सांस्कृतिक पुनर्जागरण की आवश्यकता है। इसलिए वह देश के अतीत की गौरवशाली परम्परा का स्मरण करते हुए कहते हैं कि–भारत को ईश्वर ने सबसे पहले धन और बल दिया, सभ्य बनाया, विद्या दी, हर प्रकार की समृद्धि दी, पर आज यह देश पतन की ओर अग्रसर हो गया है। जो भारत कभी सोने की चिड़िया कहलाता था, वह आज निर्धन होता जा रहा है। जिस भारत ने ज्ञान के प्रकाश से विश्व को आलोकित किया, आज उसी भारत पर अज्ञानता का अन्धकार छाया हुआ है। जिस भारत की सभ्यता ने विश्व को अमरता का सन्देश दिया, उसी भारत की आज यह कैसी दुर्दशा हो गयी है!

सबके पहिले जेहि ईश्वर धन बल दीनो।
सबके पहिले जेहि सभ्य विधाता कीनो।।
सबके पहिले जो रूप-रंग रस भीनो।
सबके पहिले विद्याफल जिन गहि लीनो।।
अब सबके पीछे सोई परत लखाई।।

लेखक उन महापुरुषों की याद दिलाते हैं जिन्होंने इस भारत भूमि पर जन्म लिया और इसे पूज्य व महान् बनाया। वे शाक्य वंश का उल्लेख करते हैं जिससे गौतम बुद्ध आये। लेखक सत्यवादी राजा हरिश्चन्द्र, पराक्रमी राजा नहुष और ययाति जैसे महापुरुषों का नामोल्लेख कर जनता के भीतर उत्साह व साहस भरने का प्रयास करते हैं। वे मर्यादा पुरुषोत्तम श्रीराम, धर्मराज युधिष्ठिर और सोलह कलाओं के मालिक भगवान कृष्ण की चर्चा करते हैं जिन्होंने भारत-भूमि पर अवतरित होकर इस धरती को स्वर्गीय बनाया और पूरी दुनिया को प्रेमपूर्ण व मानवीय करुणा पर आधारित जीवन जीने के महत्त्वपूर्ण सूत्र प्रदान किये। वे गदाधर भीम, दानवीर कर्ण तथा महान् धनुर्धर अर्जुन का उदाहरण देते हैं जिनके महान् कर्म विश्व भर के लिए प्रेरणा के स्रोत बने।

लेखक कहते हैं कि यह भारत-भूमि महापुरुषों, ज्ञानियों और वीरों की भूमि रही है, जहाँ चारों ओर प्रकाश ही प्रकाश था। लेकिन अब जहाँ नज़र घुमाओ, वहाँ दुःख ही दुःख और अँधेरा-ही-अँधेरा नज़र आता है। आज भारत सामाजिक, आर्थिक, राजनीतिक व सांस्कृतिक, हर मोर्चे पर पिछड़ गया है। देश निरन्तर अवनति की राह पर बढ़ता चला जा रहा है, जिसे देखकर लेखक के दय की घनीभूत पीड़ा बार-बार आँसू बनकर बाहर निकल आती है–

जहँ भए शाक्य हरिश्चन्द्र नहुष ययाती।
जहँ राम युधिष्ठिर बासुदेव सर्याती।।
जहँ भीम करन अर्जुन की छटा दिखाती।
तहँ रही मूढ़ता कल अविद्याराती।।
अब जहँ देखहु तहँ दुःखहि दुःख दिखाई।

आगे इसी गीत में लेखक उन प्रमुख कारणों का उल्लेख भी करते हैं, जिसके कारण भारत की दुर्दशा हुई–

लरि बैदिक जैन डुबई पुस्तक सारी।
करि कलह बुलाई जवनसैन पुनि भारी।।

तिन नासी बुद्धि बल विद्या धन बहु बारी
छाई अब आलस कुमति कलह अँधियारी।।
भए अँध पंगु सब दीन हीन बिलखाई।
हा!हा! भारतदुर्दशा न देखी जाई।"

लेखक यहाँ बता रहे हैं कि वैदिक धर्म तथा जैन धर्म के अनुयायियों ने आपस में धर्म के नाम पर कलह कर यवन आक्रमणकारियों को देश में घुस आने का मौक़ा दिया। आपसी कलह के कारण बाहरी लोगों को हमारे देश में पैर जमाने का अनुकूल अवसर मिल गया। जब अपने घर में शान्ति न हो तो हमारी शक्ति क्षीण हो जाती है और बाहरी लोगों को अवसर मिल जाता है। यह भारत के साथ भी हुआ। आपसी मत-मतान्तर और कलह ने यवनों तथा अंग्रेज़ों को देश में घुसकर राज करने का अवसर प्रदान किया। भारतीय लोगों की जैसे मति मारी गयी। उनके ऊपर कुमति छा गयी और उनके भीतर के आलस्य व अन्धकार ने उन्हें पंगु बना दिया। इस प्रकार वे बताते हैं कि हमारी पराधीनता का बड़ा कारण हमारा आपसी कलेश और हमारे बीच संगठन का न होना रहा।

अन्तिम छन्द में लेखक कह रहे हैं कि अंग्रेज़ी राज देखने में तो बहुत बढ़िया लगता है। हर तरफ़ चकाचौंध है। ऐसा लगता है मानो अंग्रेज़ों ने हमारे विकास के लिए बहुत काम किया है, लेकिन वास्तविकता तो यह है कि हमारा धन तरह-तरह से विदेश चला जा रहा है। अंग्रेज़ी शासक विकास के नाम पर भारतीय लोगों को गुमराह कर रहे थे। अंग्रेज़ों ने ऐसो चाल चली कि भारत के लघु और मध्यम उद्योग लगभग नष्ट हो गये। उसके ऊपर से आसमान छूती महँगाई और अंग्रेज़ों की 'कर नीति' ने भारतीयों को पूरी तरह से बर्बाद कर दिया। भारतेन्दु ने अंग्रेज़ों की स्वार्थपूर्ण नीति और भारतीय समाज की दुर्दशा का बहुत प्रामाणिक दृश्य 'भारतदुर्दशा' नाटक में प्रस्तुत किया है।

अँगरेजराज सुख साज सजे सब भारी।
पै धन बिदेश चलि जात इहै अति ख्वारी।।
ताहू पै महँगी काल रोग बिस्तारी।
दिन दिन दूने दुःख ईस देत हा हा री।
सबके ऊपर टिक्कस की आफत आई।

नाटक के अन्य अंकों में अलग-अलग प्रतीकों के माध्यम से लेखक ने यह दर्शाया है कि किस तरह भारत को कभी रोग ने, कभी आलस्य ने, कभी मदिरा ने

तो कभी अज्ञान ने अन्धकार की दुनिया में ढकेल दिया। इन सभी को लेखक ने 'भारत दुर्दैव' यानी अंग्रेज़ों का साथी बताया और इन्हें भारतीय समाज का दुश्मन करार दिया। सत्यानाश फ़ौजदार नामक पात्र के माध्यम से लेखक यह बताते हैं कि–"धर्म ने सबके पहिले सेवा की।" कहने का तात्पर्य यह है कि धर्म का वास्तविक मर्म समझे बिना धर्म के नाम पर समाज बँटता चला गया। धर्म के नाम पर अनेक मत चल पड़े, अनेक जातियाँ बन गयीं, बालविवाह होने लगे, विधवाओं पर अत्याचार होने लगे, विलायत-गमन का निषेध होने लगा और अनेक प्रकार के अन्धविश्वासों का समाज में बोलबाला होने लगा। फ़ैशन और सिफ़ारिश के पीछे लोगों ने अपना धन लुटाया। अशिक्षा के कारण लोगों ने डॉक्टरों से रोग के इलाज करवाने के बजाय अन्धविश्वास का सहारा लिया। आलस्य का प्रश्रय बढ़ने लगा, मेहनत करने से लोग जी चुराने लगे और मदिरा का ऐसा नशा चढ़ा कि लोग तेज़ी से उसकी गिरफ़्त में आने लगे। कोई सोमपान करता, कोई वीराचमन, कोई शराबेतहूरा और कोई बापटैजिंग वाइन पीने लगा। शराब की बिक्री बढ़ने से सरकार की आय बढ़ने लगी। लेखक ने इस ओर भी इशारा किया है कि हर प्रकार से भारतीय लोगों का धन अंग्रेज़ों के पास जाने लगा। नाटक में वर्णित 'अन्धकार' नामक पात्र जो निराशा, ग़ुलामी और बदहाली का प्रतीक है, वह कहता है–शिक्षा या विद्या उसकी दुश्मन है क्योंकि जहाँ शिक्षा होगी वहाँ अन्धकार नहीं रह सकता। यही कारण है कि वह कहता है कि वह (अन्धकार) विलायत नहीं जायेगा, लेकिन भारतीयों में अशिक्षा व्याप्त होने के कारण वह भारत में ही रहेगा और भारतीय लोगों का नाश करेगा।

नाटक के पाँचवें अंक में लेखक ने सात सभ्य लोगों की कमेटी तथा उनकी आपसी बातचीत का दृश्य प्रस्तुत किया है। उनमें एक सभापति है, एक बंगाली है, एक महाराष्ट्र का है, एक एडिटर है, एक कवि है और दो देशी महाशय हैं। इनके संवाद के माध्यम से लेखक ने यह दिखाने का प्रयास किया है कि ऐसा भी नहीं है कि तत्कालीन भारत के शिक्षित लोगों में जागरूकता की कमी थी लेकिन अधिकांशत: लोग उत्तरदायित्व लेने से बचना चाहते थे। उनके संवाद से स्पष्ट हो जाता है कि भारत में उत्तरदायित्व लेने वाले लोगों की कमी तो थी ही, साथ-ही-साथ भारत के स्वतन्त्रता-संग्राम का नेतृत्व करने में दिलचस्पी रखने वाले लोगों की भी कमी थी। यह बात तब और स्पष्ट हो जाती है जब डिसलायलटी नामक पात्र, जो एक पुलिस अधिकारी है, कमेटी के लोगों को पकड़ने आता है। तब सभी सदस्य 'मैं नहीं! मैं नहीं!' कहके ख़ुद को बचाने की कोशिश में लग जाते हैं। अर्थात् ज़िम्मेदारी लेने से

सभी अपना-अपना पल्ला झाड़ लेते हैं। डिसलायलटी इस तथ्य का भी उद्घाटन करता है कि क़ानून सरकार की कठपुतली भर बनकर रह गयी है।

छठे अंक में भारतभाग्य नामक पात्र मूर्छित 'भारत' (सोआ हुआ भारत) को अनेक प्रकार से जगाने का प्रयास करता है लेकिन मूर्छित 'भारत' के न जागने पर वह आत्महत्या कर लेता है। मनुष्य का जब कोई सहारा नहीं होता तो वह अन्त में सब कुछ भाग्य भरोसे छोड़ देता है। नाटक के पात्र भारतभाग्य द्वारा आत्महत्या कर लेना यह दर्शाता है कि भारत की दशा इतनी दयनीय हो चुकी थी कि अब भाग्यवाद जैसी उम्मीद की भी कोई किरण दिखाई नहीं दे रही थी।

नाटक में यह सन्देश भी निहित है कि भारत को स्वतन्त्रता चाहिए और इसके लिए एकजुट होकर संघर्ष करना आवश्यक है। इस विचार को विभिन्न पात्रों के संवादों और घटनाओं के माध्यम से प्रस्तुत किया गया है। लेखक यह जानता है कि देश की जनता जब तक सोयी रहेगी, ग़ुलामी के मेघ तब तक मँडराते रहेंगे। जनता को जागना होगा, तभी देश ग़ुलामी के अन्धकार से बाहर आ सकेगा। नाटक में ब्रिटिश शासन की नीतियों का विरोध स्पष्ट रूप से दिखाई देता है। विदेशी शासन के प्रति जागरूकता फैलाना और उसके ख़िलाफ़ संघर्ष करने के लिए प्रेरित करना इस नाटक का प्रमुख उद्देश्य है। भारतेन्दु ने देशवासियों को इस नाटक के माध्यम से यह समझाने का प्रयास किया है कि अंग्रेज़ों के शासन में रहते हुए उनका विकास सम्भव नहीं है।

इसलिए वे हर तरह से जनता को जगाने का महत्त्वपूर्ण कार्य अपने इस नाटक के माध्यम से करने का प्रयास करते हैं जो यह दर्शाता है कि इस नाटक में राष्ट्रीय चेतना अपने चरम पर है। व्यक्तिगत जीवन के दु:ख और कष्टों के लिए तो हर कोई रोता है लेकिन देश के लिए रोने वाला कोई बिरला ही होता है। लेखक भारतीयों को उनके गौरवशाली इतिहास, समृद्ध संस्कृति और महान् परम्परा की याद दिलाता है जिससे वे प्रेरित होकर विद्रोह कर सकें और पराधीनता की बेड़ियों से देश को मुक्त करा सकें।

भारतेन्दु हरिश्चन्द्र का जीवन एवं व्यक्तित्व

भारतेन्दु हरिश्चन्द्र आधुनिक हिन्दी साहित्य के अग्रदूत व पितामह के रूप में जाने जाते हैं। उनका जन्म 9 सितम्बर 1850 को बनारस में हुआ था। उनका मूल नाम हरिश्चन्द्र था। पण्डित रघुनाथ, पण्डित सुधाकर द्विवेदी तथा पण्डित रामेश्वर दत्त ने 'भारतदुर्दशा' नाटक के लिए उन्हें 'भारतेन्दु' की उपाधि दी। तबसे वे भारतेन्दु हरिश्चन्द्र के नाम से जाने जाने लगे। उनके पिता का नाम गोपालचन्द और उनकी माता का नाम पार्वती देवी था। भारतेन्दु हरिश्चन्द्र एक सम्पन्न परिवार से आते थे। धन-दौलत की उन्हें कोई कमी नहीं थी। लेकिन नियति के क्रूर प्रहार ने मात्र पाँच वर्ष की आयु में उनसे उनकी माता को और दस वर्ष की आयु में उनसे उनके पिता को छीन लिया। उनकी सौतेली माँ का व्यवहार भी उनके प्रति बहुत उदार या प्रेमपूर्ण नहीं था। उस ज़माने में छोटी उम्र में विवाह का प्रचलन था। अतः भारतेन्दु का विवाह बहुत ही छोटी उम्र में मन्नोदेवी से करवा दिया गया था। मन्नोदेवी प्रायः बीमार रहती थीं, जिस कारण भारतेन्दु का दाम्पत्य जीवन बहुत सुखमय नहीं था और उन्हें अपनी पत्नी से भी वांछित प्रेम न मिल सका। इसलिए उनके भीतर प्रेम की प्यास हमेशा से रही। विरासत में मिली धन-सम्पत्ति तथा व्यापार के प्रति उनके भीतर कोई ख़ास दिलचस्पी नहीं थी। उनके भाइयों के बीच जब धन-सम्पत्ति का बँटवारा हुआ, तो जो धन-सम्पत्ति उनके हिस्से आयी, उन्होंने उसमें से कुछ ग़रीबों को दान में दे दिया, कुछ ज़रूरतमन्दों की सहायता में लगाया तथा कुछ धन साहित्य सेवा में लगा दिया। धीरे-धीरे उनके मकान, ज़मीन, खेत, दुकान आदि सब कौड़ी के मोल बिकते चले गये। विरासत में धन-दौलत मिलने के बावजूद जीवन में उन्हें कई बार उधार लेना पड़ा और वह भी अपनी आवश्यकताओं के लिए कम, दूसरों की सहायता करने के लिए अधिक। भारतेन्दु वास्तव में हृदय-सम्राट थे। ज़रूरतमन्द लोगों की सेवा को वे अपना धर्म समझते थे। उनके लिए मानुष-प्रेम सर्वोपरि था।

भारतेन्दु हरिश्चन्द्र बहुमुखी प्रतिभा के धनी व्यक्ति थे। उनकी प्रतिभा से प्रभावित होकर बनारस के राजा द्वारा उन्हें राजकवि बनने का आमन्त्रण दिया गया था,

जिसके लिए उन्हें नियमित रूप से अच्छी-ख़ासी रक़म भी दी जाती लेकिन स्वाभिमानी भारतेन्दु हरिश्चन्द्र ने राजा के इस प्रस्ताव को ठुकरा दिया। उनके इस निर्णय से उनके स्वाभिमानी व्यक्तित्व की स्पष्ट झलक देखने को मिलती है। सम्भवत: वे इस बात को जानते थे कि उनका जीवन किसी महान् उद्देश्य की प्राप्ति के लिए है।

भारतेन्दु को इस बात पर गर्व था कि उनका नाम सत्यनिष्ठ राजा हरिश्चन्द्र से मिलता है। उन्होंने राजा हरिश्चन्द्र के जीवन की तमाम सारी ख़ूबियों को अपने जीवन के मापदण्ड के रूप में स्वीकार किया। नाम की समानता के भावबोध के कारण उन्होंने अपने जीवन में सदैव सत्य के प्रति आग्रह रखा। उनकी कृतियों के चरित्रों मंम भी सत्य के प्रति आग्रह दिखाई देता है। उनकी रचनाओं के अधिकांश पात्र सत्य और मानवीय भावनाओं का प्रबल पक्ष लेते हुए दिखाई देते हैं।

भारतेन्दु हरिश्चन्द्र वैष्णव परिवार से आते थे, लेकिन उन्होंने रूढ़िगत संस्कारों को अपनाने के बजाये आधुनिक दृष्टिकोण का परिचय दिया। उन्होंने परम्परा से चले आ रहे युगानुकूल संस्कारों को ग्रहण किया और रूढ़िगत संस्कारों को त्याग दिया।

1857 ई. में भारत ने अपनी पहली स्वतन्त्रता की लड़ाई लड़ी थी। तब हरिश्चन्द्र की उम्र महज़ सात वर्ष थी। तभी से उन्हें अपने युग की चुनौतियों का आभास होने लगा था। बड़े होते हरिश्चन्द्र ने परिस्थितियों के हिसग्ब से राष्ट्र-निर्माण एवं समाज-निर्माण में अपनी भूमिका को स्वीकार किया और धीरे-धीरे उन्होंने अपने कन्धों पर देश के पुनरुत्थान की ज़िम्मेदारी ले ली तथा वे सदैव भारत की उन्नति के लिए प्रयासरत रहे।

भारतेन्दु हरिश्चन्द्र की प्रारम्भिक शिक्षा उनके घर पर ही हुई। अंग्रेज़ी की शिक्षा उन्हें हिन्दी के प्रख्यात साहित्यकार-शिवप्रसाद 'सितारे-ए-हिन्द' तथा नन्दकिशोर द्वारा दी गयी। आगे की उनकी पढ़ाई क्वींस कॉलेज में हुई। भारतेन्दु को शिक्षा का महत्त्व पता था। वे शिक्षा को सर्वसुलभ बनाना चाहते थे। उनकी इच्छा थी कि समाज का कोई भी व्यक्ति किसी भी कारण से शिक्षा से वंचित न रह जाये। इसलिए उन्होंने गरीबों को नि:शुल्क शिक्षा देने के लिए अपने घर में ही पाठशालाओं का प्रबन्ध किया। इतना ही नहीं, हिन्दी भाषा तथा साहित्य के उत्थान के लिए वे निरन्तर प्रयासरत रहे। उन्होंने 'कविवचनसुधा', 'बालाबोधिनी' तथा 'हरिश्चन्द्र मैगज़ीन' नाम से तीन पत्रिकाएँ प्रकाशित की जिसका वास्तविक उद्देश्य यह था कि वे समाज के प्रत्येक वर्ग तक ज़रूरी सूचनाएँ पहुँचाने के साथ-साथ उन्हें शिक्षित व जागरूक कर सकें।

भारतेन्दु पुस्तकप्रेमी थे। वे अक्सर पुस्तक विक्रेताओं से उनकी सारी की सारी किताबें तथा पाण्डुलिपियाँ ख़रीद लिया करते थे और कई बार उसके लिए अधिक पैसे भी दे दिया करते थे। उनमें नवीन वस्तुओं को जानने, ख़रीदने और समझने का बहुत उत्साह रहता था। वे प्रयास करते थे कि हर नवीन वस्तु ख़रीद ली जाये और कई बार कुछ मज़ेदार चीज़ें ख़रीदकर वे दूसरों को भी दे दिया करते थे। जैसे एक बार उन्होंने घड़ियाँ ख़रीद कर लोगों में बाँट दी थी। इस बात से हम उनकी उदारता, दरियादिली और फ़क़ीरी स्वभाव का सहज ही अन्दाज़ा लगा सकते हैं।

भारतेन्दु हरिश्चन्द्र घुमक्कड़ स्वभाव के थे। उन्हें यात्रा करने में बहुत आनन्द आता था। राम शंकर व्यास द्वारा भारतेन्दु की एक जीवनी लिखी गयी थी, जिसमें उनकी चार अपूर्ण इच्छाओं का ज़िक्र किया गया। उनमें से एक इच्छा यह भी थी कि यदि उनके पास पर्याप्त धन होता तो वे फ्रांस, अमेरिका और विलायत जाते। इससे पता चलता है कि भारतेन्दु को घूमने-फिरने का बहुत शौक़ था। भारतेन्दु की यात्राएँ केवल मौज-मस्ती या समय व्यतीत करने का ज़रिया नहीं होती थीं बल्कि वे बहुउद्देशीय होती थीं। मात्र 15 वर्ष की आयु में ही उन्होंने उड़ीसा के जगन्नाथ धाम की यात्रा की। जहाँ जाकर उन्होंने कई प्रकार के धार्मिक कर्मकाण्डों व अन्धविश्वासों को देखा और उनका विरोध किया। भारतेन्दु हरिश्चन्द्र धर्म तथा धर्म के नाम पर हो रहे कर्मकाण्ड एवं अन्धविश्वास के कारण समाज पर पड़ने वाले घातक प्रभाव से छोटी उम्र में ही परिचित हो चुके थे। उनके चिन्तन और व्यवहार में यह बात दिखाई देती है कि धार्मिक कर्मकांड और अन्धविश्वास से निरन्तर कमज़ोर होते समाज को जागरूक किया जाये इसलिए आस्था के स्थान पर वे वैज्ञानिक चिन्तन और परम्परागत चीज़ों को यथावत् मान लेने की जगह तार्किक चिन्तन को समाजोत्थान के लिए महत्त्वपूर्ण मानते थे। उन्हें गाँव की मिट्टी की सोंधी महक बहुत आकर्षित करती थी। वे गाँव जाना काफ़ी पसन्द करते थे और ग्रामीण क्षेत्र की यात्रा के दौरान उन्हें अंग्रेज़ों के कुकर्म तथा भारतीय लोगों पर उनके अत्याचार के बारे में गहराई से समझने का अवसर मिला। इसी कारण वे तत्कालीन भारतीय परिवेश और तत्कालीन सामाजिक जीवन की तमाम सारी विडम्बनाओं और विसंगतियों को अपने साहित्य में अनुभव की प्रामाणिकता की धार के साथ उतार सके।

भारतेन्दु के अनुसार शिक्षा का मतलब केवल किताबी ज्ञान को इकट्ठा करना नहीं होता बल्कि यात्राओं से जीवन और ज्ञान, दोनों को समृद्ध करना होता है। वे मानते थे कि यात्रा के तमाम ऐसे आयाम हैं जो व्यक्ति को एक नया दृष्टिकोण देते हैं। यात्रा के दौरान व्यक्ति को प्रकृति के दर्शन तो होते ही हैं, साथ-ही-साथ उसे नाना प्रकार के लोगों से मिलने का अवसर भी प्राप्त होता है, जिससे व्यक्ति को जीवन

और दुनिया को देखने का एक नया नज़रिया मिलता है। भारतेन्दु के अनुसार मनुष्य का अध्ययन सबसे बड़ी शिक्षा होती है। मनुष्य के अध्ययन से व्यक्ति अपने जीवन को समृद्ध करता है और उसे जीवन की तमाम सारी परिस्थितियों, परिवेश और आपने आसपास की दुनिया को देखने के लिए एक सूक्ष्म निगाह मिलती है। भारतेन्दु का मानना था कि मनुष्य के अध्ययन से ऐसी शिक्षा मिलती है जो किताबों से मिल पाना दुर्लभ है।

बड़े व्यक्तित्व के साथ कई तरह की धारणाएँ या अफ़वाहें अक्सर जुड़ जाया करती हैं। सार्वजनिक जीवन में विशिष्ट और प्रसिद्ध व्यक्तियों के चरित्र का विश्लेषण लोगों द्वारा भिन्न-भिन्न प्रकार से किया जाने लगता है। जब कि बहुत बार यह विश्लेषण किसी ठोस आधार या ठोस बुनियाद से कोसों दूर होता है। भारतेन्दु के जीवन को लेकर भी कुछ अफ़वाहें ख़ूब प्रचलित हुईं। उनके ऊपर आरोप लगाया गया कि वे वेश्यावृत्ति में ख़ूब रुचि रखते थे। हिन्दी के प्रख्यात आलोचक रामविलास शर्मा ने भी अपनी पुस्तक 'भारतेन्दु हरिश्चन्द्र और हिन्दी नवजागरण की समस्याएँ' मंण उनके ऊपर आरोप लगाते हुए लिखा कि–"उन्होंने अपना लाखों रुपया रण्डी–भड़ुओं और मुसाहिबों के फेर में फेंक दिया। यहाँ तक कि क़र्ज़ ले-लेकर वह अपनी वासनाओं का पोषण करते रहे। अपने को मिटाने की भावना ने ही इन्हें साहित्य और समाज के क्षेत्रों में क्रान्ति की भावना दी, ऐसा मुझे लगता है।" ('भारतेन्दु हरिश्चन्द्र' और हिन्दी नवजागरण की समस्याएँ', पृ. 46) जब कि यदि हम भारतेन्दु के आत्मकथामक निबन्ध 'कुछ आपबीती, कुछ जगबीती' देखें तो उसमें उन्होंने खुलकर अपनी बुराइयों को सामने रखा है। वे एक सम्पन्न परिवार से आते थे तथा उनके पूर्वजों ने राजाओं-महाराजाओं और फिर अंग्रेज़ों की ख़ातिरदारी की थी। इसलिए उनके हाव-भाव में रईसों-सी विशेषताएँ थीं। लेकिन इससे बिल्कुल भी ऐसा निष्कर्ष नहीं निकाला जा सकता कि वे विलासिता में डूबे रहते थे और ख़ुद को मिटाने की भावना से उन्होंने समाज व साहित्य में ख़ुद को झोंक दिया। उनका साहित्यिक कर्म उनके सृजनशील व्यक्तित्व का स्वाभाविक उत्पाद था। वे ख़ुद को मिटाने के लिए नहीं बल्कि दुनिया और समाज को रोशनी देने के लिए लिख रहे थे। उनका लेखन बेहतर समाज और बेहतर हिन्दुस्तान के निर्माण के महान् उद्देश्य से प्रेरित था, इसलिए उनका साहित्य अपने युग का सच्चा एवं जीवन्त दस्तावेज़ तो है ही, साथ ही साथ उसमें आने वाले विद्रूप समय की भयावह आहटों की गूँज भी विद्यमान है।

भारतेन्दु हरिश्चन्द्र का निधन 6 जनवरी 1885 को, मात्र 34 वर्ष 4 माह की उम्र में बनारस में हुआ। उनकी ज़िन्दगी की डोर लम्बी नहीं लेकिन बड़ी रही। इतना छोटा

जीवन जीते हुए भी उन्होंने हिन्दी साहित्य तथा भारतीय समाज को बड़ी सौग़ात दी। उन्होंने हिन्दी में गद्य की अनेक विधाओं में रचना कर गद्य की तमाम विधाओं का शुभारम्भ किया तथा खड़ी बोली हिन्दी को गद्य की भाषा के रूप में आगे बढ़ाया। उन्होंने 'भारतेन्दु मण्डल' की स्थापना कर अपने समय के अनेक प्रतिभावान लेखकों को हिन्दी की अलग-अलग विधाओं में रचना करने के लिए प्रेरित किया। भारतेन्दु ने अपनी युगीन चेतना को इतनी गहराई से प्रभावित किया कि उन्हें हिन्दी में नवजागरण का अग्रदूत माना जाता है। वे एक व्यक्ति नहीं बल्कि एक संस्था थे। भारतेन्दु ने हिन्दी साहित्य को रसिक दरबार की कारा से मुक्त कर जनता के हृदय तक पहुँचाने का कार्य किया। हिन्दी साहित्य में आधुनिक युग का सूत्रपात वास्तविक रूप में भारतेन्दु युग से ही हुआ। उन्होंने अपनी युगीन चेतना और समाज को इतनी गहराई से प्रभावित किया कि आधुनिक युग के पहले कालखण्ड का नाम साहित्य-आलोचकों द्वारा 'भारतेन्दु युग' रखा गया।

भारतेन्दु हरिश्चन्द्र की काव्यगत विशेषताएँ

भारतेन्दु काल की कविता अन्तर्विरोधी मूल्यों की कविता है और यह अन्तर्विरोध समाज की संरचना के भीतर से आया है। उस समय अंग्रेज़ी संस्कृति और भारतीय संस्कृति के दो विरोधी मूल्यों का मिलन हो रहा था जिसने तनाव की स्थिति पैदा की। यह तनाव कविता में भी कई स्तरों पर व्यक्त होता है, जैसे–राजभक्ति बनाम राजविरोध। संक्षेप में, भारतेन्दु के काव्य में निहित विषयों और काव्यगत विशेषता को इस प्रकार देखा जा सकता है–

(1) राजभक्ति एवं राष्ट्रभक्ति : भारतेन्दु की प्रारम्भिक कविताओं में ब्रिटिश सरकार के प्रति राजभक्ति के भाव दिखाई पड़ते हैं। इसका कारण यह था कि प्रारम्भ में वे अंग्रेज़ी सरकार के स्वार्थ को समझ नहीं सके। इसलिए इस युग में भारतेन्दु की कविता में जहाँ महारानी विक्टोरिया की प्रशंसा के भाव मिलते हैं, वहीं राष्ट्रप्रेम भी मिलता है। उदाहरण–

पूरी अभी की कटोरिया सी, चिरजीओ सदा विक्टोरिया रानी।
X X X
अंगरेज राज सुख साज सजे सब भारी।
पै धन विदेश चलि जात इहै अति ख्वारी॥

(2) भक्ति-भावना : भारतेन्दु युग में यद्यपि भक्ति-भावना गौण हो गयी थी, तथापि संख्या की दृष्टि से काफ़ी रचनाएँ रचित हुई हैं। भारतेन्दु की कविताओं में कृष्ण-भक्ति काव्य से सम्बन्धित भक्ति-भावना अधिक मात्रा में उपलब्ध है। भगवान की करुणा का बखान करते हुए भारतेन्दु 'प्रेमाश्रु-वर्षण' कविता में लिखते हैं–

हरि-तन करुना-सरिता बाढ़ी।
दुखि देखि निजजन बिनु साधन उमगि चली अतिगाढ़ी॥

(3) प्रकृति-चित्रण : भारतेन्दु ने प्रकृति-चित्रण से सम्बन्धित कविताएँ भी पर्याप्त मात्रा में लिखी हैं। उन्होंने होली, वसन्त, पावस ऋतु आदि से सम्बन्धित अनेक

कविताएँ लिखी हैं। इन कविताओं में प्रकृति के सौन्दर्य के साथ भाषा की सहजता भी देखने लायक है। उदाहरण–

बरसा सिर पर आ गई, हरी हुई सब भूमि।
बागों में झूले पड़े, रहे भ्रमणगण झूमि॥

(4) **राष्ट्रीय चेतना :** भारतेन्दु की कविताओं में राष्ट्रीय चेतना की भावना कूट-कूटकर भरी हुई है। उनकी कविताओं में राष्ट्रीय भावना कहीं अतीत के गौरवगान के रूप में व्यक्त हुई है, तो कहीं देशप्रेम और कहीं हिन्दीप्रेम के रूप में। अतीत के गौरव और वर्तमान की त्रासदी को अभिव्यक्त करती उनकी ये पंक्तियाँ देखें–

हाय! वहै भारत भुव भारी। सबही बिधि सों भई दुखारी।
हाय! पंचनद, हा पानीपत! अजहुँ रहे तुम धरनि बिराजत॥

(5) **सामाजिक समस्याओं का चित्रण :** भारतेन्दुयुगीन समाज समस्याओं से जमा हुआ था। अशिक्षा, मद्यपान, जाति और धर्म-भेद, अनमेल विवाह, अंग्रेज़ों की लूट जैसी समस्याएँ भयानक रूप ले चुकी थीं। भाग्य और अभाग्य के बीच पिसती हुई जनता के बारे में भारतेन्दु ने लिखा है–

भारत में मची है होरी।
इक ओर भाग अभाग, एक दिसि होय रही झकझोरी॥

शिल्पगत विशेषताएँ

(1) **भाषा :** भारतेन्दु की अधिकतर रचनाएँ ब्रजभाषा में हैं। हालाँकि इस समय गद्य में खड़ी बोली का सफल प्रयोग हो चुका था लेकिन कविता में ब्रजभाषा का मोह नहीं छूटा। भाषा के विषय में भारतेन्दु का मानना था–

अंग्रेज़ी पढ़ के यद्यपि, सब गुण होत प्रवीन।
पै निज भाषा ज्ञान बिन रहत हीन के हीन॥

(2) **छन्द :** भारतेन्दु की कविता में दोहा, चौपाई, हरिगीतिका, कवित्त आदि परम्परागत छन्दों के अतिरिक्त लावनी, कजरी व होली छन्दों का प्रयोग हुआ है।

(3) **अलंकार :** भारतेन्दु की कविता जनता की समस्याओं से सीधे जुड़ती है, इसलिए अलंकारों की सजावट पर उनका विशेष ध्यान नहीं होता किन्तु अर्थालंकारों का जहाँ भी प्रयोग हुआ है, वह सफल है।

भारतेन्दु हरिश्चन्द्र का साहित्यिक अवदान

भारतेन्दु हरिश्चन्द्र ने अपनी लेखनी के माध्यम से समाज को जागरूक करने की दिशा में महत्त्वपूर्ण प्रयास किये। अपने व्यक्तित्व और रचनाओं के माध्यम से उन्होंने तत्कालीन समाज को एक नयी दिशा दी। नाटक, निबन्ध, यात्रा-वृत्तान्त, समीक्षा और पत्रकारिता को अस्त्र बनाकर उन्होंने जनता में जागृति लाने का हर सम्भव प्रयास किया। भारतेन्दु एक महान् कवि, तीव्र व्यंग्यकार, उत्कृष्ट नाटककार, निर्भीक पत्रकार व ओजस्वी गद्यकार एवं कुशल वक्ता थे।

भारतीय नवजागरण के अग्रदूत के रूप में प्रसिद्ध भारतेन्दु ने देश की बदहाली, पराधीनता एवं शासकों के अमानवीय शोषण को अपने साहित्य का लक्ष्य बनाया। उनका साहित्य हिन्दी की रीतिकालीन चेतना से मुक्ति की राह खोजने वाला साहित्य है। उनके ऊपर युगीन स्थितियों का स्पष्ट प्रभाव देखने को मिलता है। एक नये तरह की राष्ट्रीय चेतना के प्रथम स्वर हमें भारतेन्दु के साहित्य में स्पष्ट रूप से मिलता है। इसलिए उन्हें युग द्रष्टा साहित्यकार कहा जाता है। भारतेन्दु युगीन साहित्य में चेतना के दो स्तर प्रमुखता से देखने को मिलते हैं–सामाजिक और राष्ट्रीय। सामाजिक चेतना का स्तर भारतीय समाज में फैली तमाम तरह की बुराइयों का विरोध करता है तो राष्ट्रीय चेतना का स्तर अंग्रेज़ी राज और उसके द्वारा किये जा रहे आर्थिक शोषण का विरोध करता है। डॉ. रामविलास शर्मा ने भारतेन्दु युगीन साहित्य को ग़दर से प्रभावित मानते हुए उसके जनवादी स्वरूप का बहुत सटीक विश्लेषण करते लिखा है–"भारतेन्दु युग का साहित्य भारतीय समाज के पुराने ढाँचे से सन्तुष्ट न रहकर उसमें सुधार भी चाहता है। वह केवल राजनीतिक स्वाधीनता का साहित्य न होकर मनुष्य की एकता, समानता और भाईचारे का भी साहित्य है। भारतेन्दु स्वदेशी आन्दोलन के ही अग्रदूत न थे, वे समाज सुधारकों में भी प्रमुख थे।" ('हिन्दी साहित्य का सरल इतिहास', विश्वनाथ त्रिपाठी, पृ. 83)

भारतेन्दु का समूचा साहित्य यथार्थबोध पर आधारित है। उनका साहित्य किसी निर्दिष्ट प्रणाली पर न चलकर अपनी संवेदना आसपास के जीवन से ग्रहण करता

है। आधुनिकता के प्रधान लक्षणों की व्याख्या करते हुए विश्वनाथ त्रिपाठी लिखते हैं–"विषमताबोध से उत्पन्न संवेदना में पीड़ा या छटपटाहट होती है। आधुनिक युग का रचनाकार अपने साहित्य में इस विषमता को पाटने का उद्देश्य व्यंजित करने लगा। इसलिए आधुनिक साहित्य रस-मग्न के स्थान पर आनन्द के साथ कर्म की प्रेरणा भी देने लगा। साहित्य सामाजिक चेतना और उत्तरदायित्व से युक्त हो गया। रीतिवादी साहित्य से आधुनिक साहित्य की यही विशेषता थी, जिसका प्रवर्तन भारतेन्दु ने किया।" ('हिन्दी साहित्य का सरल इतिहास', विश्वनाथ त्रिपाठी पृ. 83)

कहना न होगा कि हिन्दी साहित्य के क्षेत्र में वास्तविक अर्थ में आधुनिक भावबोध का सूत्रपात करने का श्रेय भारतेन्दु को जाता है, इसलिए उन्हें आधुनिक काल का प्रस्थानक भी माना जाता है।

नवीन युग की वैज्ञानिक चेतना, छापेख़ाने का प्रचलन और औद्योगिकीकरण जैसी परिस्थितियों ने हिन्दी साहित्य के गद्य को बढ़ावा दिया। उन्नसवीं सदी के प्रारम्भ में हिन्दी साहित्य के गद्य का ठीक से प्रादुर्भाव हुआ। यह गद्य साहित्य उन्नीसवीं सदी के उत्तरार्द्ध तक इतना प्रभावी हुआ कि वह धीरे-धीरे कविता की तुलना में अधिक प्रचलित हो गया। भारतेन्दु युग में पद्य पर गद्य की प्रधानता का बड़ा कारण गद्य में नवीन विधाओं का प्रादुर्भाव भी है। भारतेन्दु युग में नाटक के पुनः प्रचलन के साथ निबन्ध, आलोचना पत्र-पत्रिकाओं में सम्पादकीय जैसी नवीन गद्य विधाओं का भी विकास हुआ।

गद्य विधाओं के विभिन्न रूपों जैसे–नाटक, यात्रा-वृत्तान्त, समीक्षा, निबन्ध आदि का सूत्रपात करने का श्रेय भारतेन्दु को जाता है। अपने 35 वर्ष के जीवन-काल में तथा 20 वर्ष के लघु रचना-काल में उन्होंने अभूतपूर्व सृजन कार्य किये। उनके भीतर गहरी जिजीविषा में डूबी हुई एक चौकन्नी दृष्टि थी और एक उद्देश्यपूर्ण विवक्षा भी। वे जनता को जागरूक करने के लिए साहित्य की विभिन्न विधाओं के माध्यम से बोलना चाहते थे। (जितने रूपों, रंगों और विधाओं में सम्भव हो, हर ज़रूरी को बोलने का माध्यम बनाना चाहते थे।)

उन्होंने पत्रकारिता के क्षेत्र को भी सींचा। उन्होंने हिन्दी पत्रकारिता को नया रूप और नयी दिशा दी। किसी भी समाज के मानसिक व बौद्धिक विकास के लिए उसका मीडिया-तन्त्र तथा पत्र-पत्रिकाओं का महत्त्व सर्वविदित है। पत्रकारिता की ज़िम्मेदारी होती है कि वह जनता को देश-विदेश की ख़बरों के माध्यम से जागरूक करे, सरकार द्वारा बनायी गयी नीतियों को जनता तक पहुँचाये और उन नीतियों से होने वाले लाभ-हानि के बारे में जनता को ईमानदारी से अवगत कराये एवं जनता

के भीतर उचित-अनुचित के निर्णय का सही विवेक पैदा करे। भारतेन्दु हरिश्चन्द्र ने पत्रकारिता के माध्यम से लोगों के भीतर वास्तविक नागरिकताबोध और देशभक्ति का भाव भरने का भरपूर प्रयास किया। उन्होंने सन् 1868 ई में 'कविवचनसुधा', सन् 1873 ई. में 'हरिश्चन्द्र मैगजीन' और सन् 1884 ई. में 'बालाबोधिनी' जैसी महत्त्वपूर्ण पत्रिकाओं का प्रकाशन कर समाज के प्रत्येक वर्ग को संगठित करने का प्रयास किया। 'कविवचनसुधा' विशुद्ध रूप से साहित्यिक पत्रिका थी। इसके परिणामस्वरूप हिन्दी जगत् में ऐसी पत्रकारिता का प्रचलन शुरू हुआ जो किसी जाति, धर्म या मत विशेष का समर्थन न करके, समूचे पाठकों को सामाजिक, राजनीतिक और आर्थिक समस्याओं से परिचित करा सके और उनके भीतर एक ज़िम्मेदार नागरिकताबोध पैदा कर सके। इस पत्रिका का सम्पादन करते वक़्त भारतेन्दु की उम्र लगभग 19 वर्ष हो रही थी। परन्तु उनकी सूझबूझ और निर्भीक पत्रकारिता के प्रति उनके कमिटमेंट को पत्रिका के पहले ही अंक में छपे सिद्धान्त वाक्य से समझा जा सकता है–

खल गननसों सज्जन दुखी मति होहिं, हरिपद मति रहै।
उपधर्म छूटै, स्वत्व निज भारत गहै, कर दुःख बहै।।
बुध तर्जहिं मत्सर, नारिनर सम होहिं, जग आनन्द लहै।
तजि ग्रामकविता, सुकविजन की अमृतबाणी सब कहै।।

वह समय अंग्रेज़ों के सामने हाथ जोड़कर खड़े रहने का समय था, समाज में स्त्री-पुरुष के बीच समानता जैसी चीज़ें कोसों दूर थीं, तब उन्होंने 'नारि-नर सम होहिं' जैसा साहसी वाक्य छापकर न सिर्फ़ अंग्रेज़ी हुकूमत को चुनौती दी, बल्कि भारतीय समाज के सामने स्त्रियों को बराबरी का अधिकार देने की वकालत भी की। 'बालाबोधिनी' पत्रिका का प्रकाशन उन्होंने विशेष रूप से स्त्रियों के लिए ही किया था। वे इस बात के मर्म को समझते थे कि स्त्री-पुरुष की समानता के बग़ैर या स्त्रियों को समाज की मुख्यधारा में जोड़े बिना समाज और राष्ट्र की उन्नति सम्भव नहीं हो सकती। इन पत्रिकाओं के अतिरिक्त उन्होंने बद्रीनारायण चौधरी 'प्रेमघन' की 'कादम्बिनी', प्रताप नारायण मिश्र की 'ब्राह्मण' और बालकृष्ण भट्ट की 'हिन्दी प्रदीप' का भी सम्पादन-कार्य किया था। इस प्रकार विभिन्न पत्र-पत्रिका के सम्पादन और प्रकाशन के माध्यम से उन्होंने समाज-सुधार, राष्ट्रीय चेतना और साहित्यिक आन्दोलन के विषयों को प्रमुखता दी। इसमें कोई सन्देह नहीं कि हिन्दी पत्रकारिता को ऊँचाई देने में और उसे जनता तक पहुँचाने में भारतेन्दु ने महत्त्वपूर्ण भूमिका निभायी।

भारतेन्दु ज्ञान प्राप्ति के विभिन्न मार्गों के अन्वेषक थे। उनका मानना था कि ज्ञान का एक बहुत अच्छा स्रोत यात्राएँ करना है। उन्होंने यात्राओं से भी बहुत कुछ हासिल किया। उनकी भाषा में यात्राओं का स्पष्ट प्रभाव देखा जा सकता है। उनकी भाषा सहज, सरल, और संवेदनशीलता से भरपूर है। ऐसा लगता है कि वे अपने पाठकों को बहुत आत्मीय ढंग से एक आत्मीय भाषा में संवाद करने के लिए आमन्त्रित कर रहे हैं।

सन् 1865 ई. में उन्होंने बंगाल की यात्रा की। जहाँ वह बांग्ला साहित्य और बांग्ला रंगमंच के सम्पर्क में आये। अंग्रेज़ी भाषा का ज्ञान उन्हें पहले से ही था। इसीलिए उनके नाटकों पर बांग्ला रंगमंच, संस्कृत रंगमंच और अंग्रेज़ी रंगमंच तीनों का प्रभाव देखने को मिलता है। उनके नाटकों में तुरन्त-तुरन्त दृश्य-बदलाव देखने को मिलते हैं जो बांग्ला रंगमंच का प्रभाव है, चरित्र-चित्रण की पद्धति उन्होंने संस्कृत रंगमंच से अपनायी और आत्महत्या, यात्रा एवं मृत्यु जैसी चीज़ों को उन्होंने अंग्रेज़ी रंगमंच से अंगीकार किया। इस तरह उन्होंने हिन्दी नाटक में एक ख़ास क़िस्म की विविधता को जन्म दिया और हिन्दी नाटक को प्रभावशाली बनाया। उनके नाटकों के विषय-क्षेत्र अत्यन्त व्यापक हैं। उनके नाटकों में राजनीतिक, सामाजिक, धार्मिक, ऐतिहासिक और सांस्कृतिक महत्त्व के विषयों का बहुत गम्भीरता से चित्रण देखने को मिलता है।

भारतेन्दु ने मौलिक एवं अनूदित, दोनों प्रकार के नाटकों की रचना की। डॉ. नगेन्द्र के अनुसार भारतेन्दु ने मौलिक तथा अनूदित नाटकों को मिलाकर कुल 17 नाटकों की रचना की। उनके मौलिक नाटक हैं–'वैदिकी हिंसा हिंसा न भवति' (1873), 'विषस्य विषमौषधम्' (1876), 'प्रेमजोगिनी' (1875), 'चन्द्रावली' (1876), 'भारतदुर्दशा' (1880), 'नीलदेवी' (1881), 'अँधेर नगरी' (1881) और 'सती प्रताप' (1883)। नाटक के उद्‌देश्य की चर्चा करते हुए भारतेन्दु ने नाटक के पाँच उद्‌देश्य बताये हैं–हास्य, शृंगार, कौतुक, समाज संस्कार और देश वत्सलता। देश वत्सलता के उद्‌देश्य से 'भारतदुर्दशा', 'नीलदेवी', 'अँधेर नगरी' और 'भारत जननी' नामक नाटकों की रचना की। भारतेन्दु हिन्दी के अकेले ऐसे प्रथम नाटककार हैं जिन्होंने अपनी मौलिकता और चिन्तन को नाटक-निबन्ध और अपने नाट्य-लेखन में प्रयुक्त नये प्रयोगों द्वारा प्रस्तुत किया। सन् 1873 ई. में उनका पहला मौलिक नाटक 'वैदिकी हिंसा हिंसा न भवति' प्रकाशित हुआ। उन्होंने सामाजिक एवं धार्मिक विसंगतियों पर व्यंग्य किया है। उन्होंने मांसाहारी लोगों के कारण हो रही पशु-हिंसा पर तीखा व्यंग्य किया है। विशेष कर उन लोगों पर जो स्वयं को धर्म का ठेकेदार घोषित करते हैं और मांसाहार के लिए पशु-हिंसा करते हैं। नाटक के आरम्भ

में भारतेन्दु द्वारा प्रस्तुत दोहे से नाटक में वर्णित विषय का उद्देश्य स्पष्ट हो जाता है–

बहु बकरा बलि हित कटैं, जाके बिना प्रमान।
सो हरि की माया करै, सब जग को कल्यान॥

सन् 1875 में भारतेन्दु ने 'प्रेमजोगिनी' नाटक की रचना की जिसमें उन्होंने तत्कालीन काशी के धर्माडम्बर का यथार्थ-चित्रण प्रस्तुत किया। इस नाटक को पहले 'काशी के छायाचित्र' या 'दो भले-बुरे फ़ोटोग्राफ़' के नाम से 'हरिश्चन्द्र चन्द्रिका' नामक भारतेन्दु की पत्रिका में प्रकाशित किया गया था। इस नाटक को डॉ. नागेन्द्र, बच्चन सिंह तथा अन्य कई आलोचकों ने अपूर्ण माना है। सन् 1876 में उनका 'चन्द्रावली' नाटक प्रकाशित हुआ। भारतेन्दु ने कृष्ण की एक अनन्य प्रेमिका चन्द्रावली को केन्द्र में रखकर इस नाटक की रचना की। इस नाटक में प्रेम तथा भक्ति के प्रतिपालन का अभूतपूर्व वर्णन मिलता है। डॉ. रामविलास शर्मा का कहना है कि चन्द्रावली भारतेन्दु की आत्मा का ही प्रतिरूप है। सन् 1876 ई. में 'विषस्य विषमौषधम्' नाम से प्रकाशित नाटक में बड़ौदा के गायकवाड़ के गद्दी से उतारे जाने तथा सयाजी राव के उनके स्थान पर बिठाये जाने की घटना का वर्णन है। सन् 1880 ई. में उनकी सुप्रसिद्ध नाट्य-कृति 'भारतदुर्दशा' प्रकाशित हुई। यह एक प्रतीकात्मक नाटक है जिसमें उन्होंने भारत की दुर्दशा के कारणों को विभिन्न प्रकार के प्रतीक पात्रों जैसे–भारतदुर्दैव, आलस्य, अन्धकार, मदिरा आदि के माध्यम से बहुत कुशलतापूर्वक प्रस्तुत किया है। इस नाटक में भारत के अध:पतन का यथार्थ चित्र उपस्थित हुआ है और अंग्रेज़ी राज की अप्रत्यक्ष रूप से कड़ी निन्दा की गयी है। सन् 1881 ई. में 'नीलदेवी' नाम से उन्होंने एक ऐतिहासिक गीति नाटक की रचना की। इस नाटक में स्वयं भारतेन्दु ने पागल की भूमिका निभायी थी। इसमें भारतीय नारी के वीरत्व एवं पतिव्रता धर्म का बहुत तटस्थ ढंग से वर्णन एवं विश्लेषण किया गया है। इसी वर्ष उन्होंने 'अँधेर नगरी' नाटक की भी रचना की। इसमें उन्होंने राजा की मूर्खता, अन्याय और अँधेरगर्दी और लोभवृत्ति पर तीखा व्यंग्य किया है। बच्चन सिंह ने इसे हिन्दी का पहला आधुनिक नाटक माना है। सन् 1883 में उनका पौराणिक नाटक 'सती प्रताप' प्रकाशित हुआ जो सावित्री-सत्यवान के पौराणिक आख्यान पर आधारित है। ऐसा भी तथ्य मिलता है कि 'सती प्रताप' भारतेन्दु का अधूरा नाटक है जिसे राधाकृष्ण दास ने पूरा किया था।

उन्होंने मौलिक नाटकों के अलावा अनुदित नाटकों की भी रचना की, जिसमें प्रमुख रूप से 'विद्या सुन्दर' (1868), 'पाखण्ड विडम्बना' (1872), 'धनंजय विजय' (1873), 'कर्पूर मंजरी' (1875), 'सत्य हरिश्चन्द्र' (1875), 'भारत जननी' (1877), 'मुद्राराक्षस' (1878), 'दुर्लभ बन्धु' (1880) आदि उल्लेखनीय एवं महत्त्वपूर्ण हैं। इतनी अधिक संख्या में विभिन्न भाषाओं में लिखे गये नाटकों का भारतेन्दु द्वारा अनुवाद किया जाना यह बताता है कि उनको अनेक भाषाओं का ज्ञान था और विभिन्न भाषाओं में दर्ज देश की सामाजिक, सांस्कृतिक विरासत को हिन्दी में अनूदित कर वे देश की बहुसंख्यक जनता तक पहुँचाना चाहते थे। इस प्रकार भारतेन्दु ने हिन्दी नाटक की परम्परा को समृद्ध बनाने और उसे व्यापकता देने में महत्त्वपूर्ण भूमिका निभायी।

भारतेन्दु ने पहली बार हिन्दी में यात्रा-वृत्तान्त भी लिखे। कुछ के शीर्षक हैं 'सरयू पार की यात्रा', 'हरिद्वार', 'वैद्यनाथ की यात्रा', लखनऊ' आदि। उनके यात्रा वृत्तान्तों में धर्म के नाम पर हो रहे कर्मकाण्ड का खण्डन, समाज की कुरीतियों पर व्यंग्य, राजनीतिक और सामाजिक कुव्यवस्था पर व्यंग्य और जीवन को खुलकर जीने की जिन्दादिली छलकती है।

भारतेन्दु ने निबन्धों की भी रचना की है। उन्होंने व्यंग्यात्मक शैली में धार्मिक पाखण्ड, बालविवाह, विधवा विवाह, रूढ़िवादी रीति-नीति, छुआछूत, जाति-प्रथा, नारी-शिक्षा आदि अनेक सामाजिक समस्याओं को अपने निबन्ध का विषय बनाया। सन् 1884 ई. में बलिया के ददरी मेला में आर्य देशोपकारिणी सभा में बोलने के लिए उन्होंने 'भारतवर्षोन्नति कैसे हो सकती है?' नामक निबन्ध लिखा। इसमें उन्होंने हिन्दुस्तान के हिन्दू और मुसलमान, दोनों को मिल-जुलकर रहने की हिदायत दी और उसकी तुलना जेठानी-देवरानी के रिश्ते से की–"घर में आग लगे तब जेठानी, देवरानी को आपस का डाह छोड़कर एक साथ वह आग बुझानी चाहिए।...चलो हिन्दुओं के साथ तुम भी दौड़ो। एक-एक दो होंगे।" इसके अतिरिक्त उनके अन्य महतवपूर्ण निबन्ध हैं–'सूर्योदय', 'एक अद्‌भुत अपूर्व स्वप्न', 'ईश्वर बड़ा विलक्षण है', 'नाटकों का इतिहास', 'संगीत सार', 'वैस्णवता और भारतवर्ष' आदि।

उन्होंने पहली बार हिन्दी साहित्य के क्षेत्र में गद्य के लिए खड़ी बोली हिन्दी का प्रयोग किया। लेकिन पद्य रचना के लिए ब्रजभाषा का ही प्रयोग करते रहे। उनकी कविताओं के विषय-क्षेत्र अत्यन्त विविधताओं से भरे हुए हैं, जिनमें भक्ति, प्रकृति-चित्रण, प्रेम आदि भाव प्रमुखता से देखे जा सकते हैं। 'प्रेममालिका', 'प्रेम सरोवर', 'प्रेम माधुरी', 'प्रेम तरंग', 'प्रेम प्रलाप', 'प्रेम पचासा', 'प्रबोधिनी', 'उर्दू का

स्यापा', 'कृष्ण चरित', 'वर्षा विनोद' आदि उनकी कुछ महत्त्वपूर्ण और उल्लेखनीय काव्य-रचनाएँ हैं। इनके अतिरिक्त उनकी प्रारम्भिक कविताओं में राजभक्ति और अंग्रेज़ी राज की प्रशंसा भी देखने को मिलती है। उन्होंने महारानी विक्टोरिया के ऊपर, अल्बर्ट की मृत्यु पर, ड्यूक ऑफ़ एडिनबरा के भारत आगमन पर, लॉर्ड रिपन की प्रशंसा पर और अंग्रेज़ों की मिश्र पर विजय होने पर 'विजयिनी' और 'विजय पताका' नाम से कविताएँ लिखीं। परन्तु बाद में जब धीरे-धीरे अंग्रेज़ी शासन का वास्तविक चरित्र और भारतीय जनता के प्रति अंग्रेज़ी शासन का दुर्व्यवहार स्पष्ट रूप से देखा जाने लगा तब उन्होंने अंग्रेज़ी सत्ता के विरोध में भी कविताएँ लिखीं।

कुछ आलोचकों का मानना है कि भारतेन्दु के विचारों में अन्तर्विरोध है। रामस्वरूप चतुर्वेदी ने भारतेन्दु की रचनाओं में राजभक्ति और देशभक्ति, दोनों होने के कारण उनकी दृष्टि में फाँक बताया है। लेकिन हमें यह भूलना नहीं चाहिए कि भारतेन्दु के लिए पहले से बना-बनाया रास्ता नहीं था। वे राह की खोज में थे। इसलिए इसे विचारों में फाँक कहना उचित नहीं है, बल्कि उनके विचारों में एक प्रकार की तटस्थता है, कहना चाहिए। प्रारम्भ में उन्हें ऐसा महसूस हो रहा था कि अंग्रेज़ भारत की उन्नति करना चाहते हैं (हालाँकि वह ऐसा अपने फ़ायदे के लिए कर रहे थे)। इसलिए भारतेन्दु ने अंग्रेज़ी शासन की प्रशंसा की और भारतीयों को उसका लाभ उठाने के लिए प्रोत्साहित किया। 'भारतवर्षोन्नति कैसे हो सकती है?' नामक निबन्ध में वह स्पष्ट रूप से लिखते हैं–"अंग्रेज़ों के राज्य में सब प्रकार का सामान पाकर, अवसर पाकर भी हम लोग जो इस समय उन्नति न करें तो हमारे केवल अभाग्य और परमेश्वर का कोप ही है।"

जब भारत में ईस्ट इंडिया कम्पनी का शासन ख़त्म हुआ है और शासन पूर्ण रूप से ब्रिटेन की महारानी विक्टोरिया के हाथों में गया, तो पूरे भारत को यह भ्रम हो गया था कि उनके साथ भला होने वाला है। भारतेन्दु भी इन्सान थे, तो उन्हें भी यही भ्रम हो गया था लेकिन इसका यह अर्थ बिल्कुल भी नहीं है कि उन्हें देश से अधिक राजभक्ति प्यारी थी। उनके लिए देश का उत्थान सर्वोपरि था। इसीलिए 'भारतदुर्दशा' नामक नाटक में वे लिखते हैं–

अंगरेराज सुख साज सजे सब भारी।
पै धन विदेश चलि जात इहै अति ख्वारी।।

भारतेन्दु पर राजभक्ति के ऐसे आरोप लगाना उचित नहीं लगता है। उनके लिए कहीं से भी रास्ता खुला नहीं था। न इतिहास, न संस्कृति, न साहित्य, न विज्ञान, न कोई और शाखा जीवन्त थी। भारत की खोज का ज़िम्मा उनके ऊपर था। उन्होंने

क्षेत्रीय इतिहास लिखने की भी शुरुआत की थी लेकिन बाद के लेखक उस परम्परा को आगे नहीं बढ़ा सके।

वे जीवन भर लेखकों को संगठित करते रहे और 'भारतेन्दु मण्डल' में बहुत से लेखकों को लाकर उन्हें साहित्यिक सृजन करने के लिए प्रेरित किया। इस मण्डल मुं पं. बद्रीनारायण चौधरी 'प्रेमघन', पं. प्रताप नारायण मिश्र, पं. बालकृष्ण भट्ट, अम्बिकादत्त व्यास, पं. राधाकृष्ण दास, ठाकुर जगमोहन सिंह, जैसे महान् लेखक शामिल रहे। अपने लेखन के साथ-साथ, इतने महान् लेखकों को संगठित कर भारतेन्दु ने हिन्दी साहित्य की परम्परा को आगे बढ़ाने में एक नायक की तरह काम किया, जो उनके जाने के बाद भी एक मिशन की तरह जारी रहा।

साहित्य के उत्थान के लिए उन्होंने कई संस्थाएँ बनायी जैसे–'कविता बर्द्धिनी सभा', 'पेनी रीडिंग क्लब', 'तदीय समाज', 'यंग मैंस एसोसिएशन डिबेटिंग क्लब' आदि। उन्होंने हिन्दी भाषा साहित्य के उत्थान और देश की सेवा में अपना जीवन समर्पित कर दिया। रामशंकर व्यास द्वारा लिखी गयी भारतेन्दु की जीवनी में उनकी चार अपूर्ण इच्छाओं का ज़िक्र किया गया, जिनमें से एक इच्छा यह थी कि वह शुद्ध हिन्दी की यूनिवर्सिटी खोलें और दूसरी इच्छा थी कि वह पश्चिमोत्तर देश में शिल्प कला का एक कॉलेज खोलें।

भारतेन्दु हरिश्चन्द्र ने बहुत ही कम उम्र में हिन्दी साहित्य और तत्कालीन समाज पर अपना गहरा प्रभाव छोड़ा। उनका जीवन और साहित्यिक अवदान भारत ही नहीं अपितु सम्पूर्ण विश्व के साहित्य-प्रेमियों के लिए एक अमूल्य निधि के समान है।

रंगमंचीय दृष्टि से 'भारतदुर्दशा'

संस्कृत काव्यशास्त्र में नाटक को 'दृश्य-काव्य' की संज्ञा दी गयी है। 'दृश्य-काव्य' संज्ञा से अर्थ स्पष्ट है कि नाटक का सम्बन्ध दर्शकों तथा उसके मंचन से है। संस्कृत के विद्वान भरत मुनि नाटक और अभिनय को एक दूसरे से जुड़ा हुआ मानते थे। पश्चिम के प्रसिद्ध नाटककार राक्स के अनुसार, "नाटक का मूल सार शब्द नहीं वरन् क्रियाकलाप है, नाटक खेलने के लिए ही लिखे जाते हैं। नाटक साहित्य की वह विधा है जिसका मूल्यांकन रंगमंच पर ही हो सकता है।" ('भारतदुर्दशा : मूल्यांकन और मूल्यांकन', डॉ. विनय कुमार तिवारी, पृ. 100)

एक नाटक कितना सफल होगा, उसका सम्बन्ध नाटककार के नाटक सम्बन्धी दृष्टिकोण से भी है। भारतेन्दु हरिश्चन्द्र भी नाटक की सार्थकता उसके सफल मंचन में ही देखते थे। वे नाटक को जनता में राष्ट्रीय चेतना तथा सामाजिक चेतना भरने का एक प्रबल माध्यम मानते थे। उन्होंने जनता को यथार्थ का प्रत्यक्ष दर्शन कराने के उद्‌देश्य से नाटकों की रचना की थी। अपने नाटकों के माध्यम से जनता को जाग्रत करना, भारतेन्दु का मूल उद्‌देश्य था। वे अपने नाट्य सम्बन्धी विचारों के बारे में अपने निबन्ध 'नाटक' में स्पष्ट करते हुए लिखते हैं–"यदि कोई नाटक का प्रत्यक्ष अनुभव करा दे, तो उससे चतुर्गुणित आनन्द होता है। इसीलिए दृश्य-काव्य की संज्ञा रूपक है।"

भारतेन्दु हरिश्चन्द्र नाटक के विभिन्न आयामों से परिचित थे। उन्हें संस्कृत नाट्य-परम्परा का भी ज्ञान था और पाश्चात्य नाट्य-कला का भी। वे एक ओर लोकनाट्य शैली से भी परिचित थे तो दूसरी ओर पारसी रंगमंच से भी। यही कारण है कि उन्होंने अपने नाटकों में मिश्रित शिल्प का प्रयोग किया है जिससे उनके नाटकों में जीवन्तता तथा प्रभावशीलता स्वत: ही आ गयी है। उन्होंने किसी भी परम्परा का आँख मूँदकर अनुसरण नहीं किया, अपितु आवश्यकतानुसार अलग-अलग परम्पराओं से चीज़ों को ग्रहण किया तथा अपने नाटकों को नये ढाँचे में ढालने के

लिए उनका प्रयोग किया। उन्होंने रंगमंच और अभीनेयता को ध्यान में रखकर अपने नाटकों की रचना की। उनका उद्देश्य नाटकों के माध्यम से सिर्फ़ पढ़े लिखे लोगों को प्रभावित करना न होकर ग़रीब, निरक्षर तथा जनसाधारण में भी नवचेतना का समावेश करना था।

नाटक एक दृश्य-विधा है, अत: इसकी आवश्यकताएँ अन्य विधाओं से बहुत अलग हैं। इसकी सफलता सिर्फ़ पढ़ने में न होकर, आसानी से तथा सफलतापूर्वक मंच पर मंचित होने में है। नाटक की सफ़लता उसके आकार, कथानक, संवाद-योजना, गीत-विधान, भाषा, पात्र, दृश्य-विधान, अभिनय-संकेत, वेशभूषा, ध्वनियों, प्रकाश आदि के सही व प्रभावशाली प्रयोग से सुनिश्चित होती है। रंगमंचीय दृष्टि से 'भारतदुर्दशा' नाटक की सफलता के सन्दर्भ में भी हम इन्हीं आयामों पर विचार करेंगे।

यह एक लघु नाटक है जिसमें मात्र छह अंक हैं। इसका कथानक संक्षिप्त एवं स्पष्ट है। तुरन्त-तुरन्त दृश्य के बदलने से नाटक में गतिशीलता है। इसलिए आकार तथा कथानक की दृष्टि से यह एक सुरुचिपूर्ण नाटक है।

नाटक की संवाद-योजना पूर्ण रूप से भाषा पर निर्भर करती है। 'भारतदुर्दशा' में भारतेन्दु ने प्रत्येक चरित्र के अनुरूप रोचक एवं प्रभावी भाषा का प्रयोग किया है। इससे न केवल संवाद-योजना बेहतर हुई है, अपितु पा्त्रों का चरित्र सजीव को उठता है। पात्रों के हाव-भाव भली-भाँति दर्शकों तक सम्प्रेषित हो जाते हैं और पात्रों की भाषा से उनकी पृष्ठभूमि का भी पता चल जाता है। उदाहरण के लिए नाटक के पाँचवें अंक में बंगाली सदस्य का एक संवाद है–"सभापति साहब, जो बात बोला सो ठीक है। इसका पेशतर कि भारतदुर्दैव हम लोगों के शिर पर आ पड़े कोई उसके परिहार का उपाय सोचना आवश्यक है, किन्तु प्रश्न एई है जे हम लोग उसका दमन करने शाकता कि हमारा बोर्ज्जोबल के बाहर का बात है...।"

भारतेन्दु ने संवादों में सटीक शब्दों व भंगिमाओं का प्रयोग करके नाटक को अत्यन्त प्रभावशाली बनाया है। अमूर्त भावों को मूर्त रूप देने में 'भारतदुर्दशा' की भाषा पूर्णतया सक्षम है। पश्चिमी नाट्य-शास्त्री ड्यूनेस का मानना है, "नाटक में संवादों की योजना इस प्रकार होनी चाहिए कि कम शब्दों में, पूर्ण नाटकीयता के साथ दर्शकों तक कथ्य को पहुँचाया जा सके।" ('भारतदुर्दशा : मूल्यांकन और मूल्यांकन', डॉ. विनय कुमार तिवारी, पृ. 103) इस दृष्टि से देखा जाये तो अनेक स्थानों पर पात्रों के संवाद आवश्यकता से अधिक दीर्घ हो गये हैं। उदाहरण के लिए, दूसरे अंक में भारत का एकालाप, तीसरे अंक में सत्यानाश फ़ौजदार का संवाद,

चौथे अंक में मदिरा का 34 पंक्तियों का गीत और लम्बा आत्म परिचय, अन्तिम अंक में भारत का 104 पंक्तियों का गीत और लम्बा वक्तव्य आदि रंगमंचीय प्रस्तुति की दृष्टि से बाधा उत्पन्न करने वाले हैं। भारतभाग्य पात्र द्वारा अन्तिम गीत के माध्यम से प्रकट हुए भाव को यद्यपि भारतेन्दु ने पहले ही विभिन्न पात्रों के माध्यम से अन्य अंकों में स्पष्ट कर दिया था, इसलिए अन्तिम गीत में पुनः उन्हीं भावों का आना अनावश्यक आवृत्ति जैसी लगती है। कई जगह उन्होंने गीतों को अनावश्यक विस्तार दे दिया है, जिसके कारण नाटक का प्रवाह भी प्रभावित हुआ है तथा सम्प्रेषणीयता में भी बाधा उत्पन्न हुई है। कहीं-कहीं ऐसा लगता है कि जो भाव भारतेन्दु संवादों के माध्यम से दर्शकों तक सम्प्रेषित कर सकते थे, उसे उन्होंने गीतों के माध्यम से प्रस्तुत किया। इससे नाट्य-संगठन कहीं-कहीं शिथिल हो गया है, जो नाटक के मंचन के दौरान निर्देशक तथा अभिनेता के लिए कठिनाई उत्पन्न करने वाले कारक हैं। इस नाटक की बड़ी-बड़ी संवाद-योजना और दीर्घ गीत-विधान रंगमंचीय प्रस्तुतीकरण में कहीं-कहीं बाधक नज़र आते हैं। चूँकि भारतेन्दु नाटककार के साथ-साथ एक कवि भी थे, इसीलिए नाटक लिखने के दौरान उनका कवि व्यक्तित्व परोक्ष रूप से वहाँ अपनी उपस्थिति दर्ज करता रहा जिस कारण कुछ स्वाभाविक दोष नाटक में देखने को मिलते हैं।

नाटक में कुल 19 पात्र हैं। पात्रों की संख्या पूर्ण रूप से सन्तुलित है। इसमें आठ मानवीय पात्र हैं तथा शेष प्रतीक पात्र हैं। मानवीय पात्रों में पहले अंक में गीत गाता हुआ योगी है तथा पाँचवें अंक में सात सभ्य लोगों की एक कमेटी है, जिसमें एक सभापति, एक एडिटर, एक कवि, एक बंगाली, एक महाराष्ट्री तथा दो देशी महाशय हैं।

इस नाटक के प्रतीकात्मक पात्र हैं—भारत, भारतदुर्दैव, निर्लज्जता, आशा, सत्यानाश फ़ौजदार, रोग, आलस्य, मदिरा, अन्धकार, डिसलायलटी और भारतभाग्य। वैसे तो नाटक की संवाद-योजना सम्प्रेषणीय एवं रोचक है लेकिन कहीं-कहीं प्रतीकात्मक पात्रों से संवेदनशील और संवादीय रिश्ता बना पाने में दर्शकगण ख़ुद को सहज महसूस नहीं कर पाते। क्योंकि प्रतीकात्मक पात्रों में मानवीय भावनाओं की जटिलता कम देखने को मिलती है। नाटक में कहीं-कहीं भावुकता की अधिकता है, जिससे उसकी वस्तुनिष्ठता में कमी आ जाती है।

नाटक का दृश्य-विधान सरल तथा प्रभावशाली है। इस नाटक में कुल 6 अंक हैं, अर्थात् 6 दृश्य हैं। दृश्यों की संख्या अधिक नहीं है। दृश्य-विधान कुछ इस तरह किया गया है कि दृश्य को बदलने में न समस्या होगी और न ज़्यादा समय लगेगा। पहले अंक में बीथी का दृश्य है। दूसरे अंक में श्मशान का दृश्य है, जहाँ टूटे-फूटे मन्दिर, बिखरी हुई अस्थियाँ, कौए, सियार और कुत्ते इधर-उधर घूम रहे हैं। तीसरा

दृश्य मैदान का है जहाँ फ़ौजी के डेरे दिखाई पड़ते हैं। चौथे अंक में एक कमरा है, जो अंग्रेज़ी ढंग से सजा हुआ है। वहाँ मेज़ और कुर्सी लगी हुई है। पाँचवें अंक में किताबख़ाने का दृश्य है, जहाँ एक मेज़ तथा कमेटी के सात सदस्यों के लिए सात कुर्सियाँ लगी हुई हैं। अन्तिम दृश्य में 'भारत' अचेत अवस्था में एक वृक्ष के नीचे पड़ा हुआ दिखाया गया है। इन सभी दृश्यों को कुछ पर्दों तथा वस्तुओं का संग्रह करके दिखाया जा सकता है। एक मेज़ और कुछ कुर्सियों के इन्तज़ाम भर से तीसरे और पाँचवें अंक का दृश्य तैयार हो जाता है। इस प्रकार हम कह सकते हैं कि इस नाटक के दृश्यों को प्रस्तुत करने के लिए बहुत अधिक श्रम और संसाधन की आवश्यकता नहीं है। यह बात इसलिए भी महत्त्वपूर्ण है कि कम संसाधनों के साथ नाटक को सम्प्रेषणीय बनाया जा सके। यह नाटक नुक्कड़ नाटक की तरह तो नहीं खेला जा सकता, लेकिन थिएटर में खेले जाने वाले नाटकों की दृष्टि से अत्यन्त सरल माना जा सकता है।

नाटककार ने मंचन की सहजता हेतु अपनी ओर से कई प्रयास किये हैं। सबसे पहले अभिनय-संकेतों को देखा जा सकता है। भारतीय नाट्य-परम्परा में रंग-संकेत देने की परम्परा कम रही है किन्तु भारतेन्दु ने कम-से-कम चार-पाँच प्रसंगों में अभिनय-संकेत दिये हैं। जैसा कि वह लिखते हैं–

"आलस्य–(मोटा आदमी, जँभाई लेता हुआ धीरे-धीरे आवेगा)"
"अन्धकार–(गाता हुआ स्खलित नृत्य करता है)"
"भारत–(डरता और काँपता हुआ रोकर...)"
"रोग–(बीड़ा लेकर प्रणाम करके जाता है)"

रंगमंच पर अभिनय करते वक़्त अभिनेताओं की वेशभूषा का विशेष महत्त्व होता है। इसलिए वेशभूषा का भारतेन्दु ने स्पष्ट निर्देश दिया है। बहुत बारीकी से भारतेन्दु ने पात्रों की वेशभूषा का चयन किया है। उन्होंने प्रतीकात्मक पात्रों के लिए ऐसी वेशभूषा का उल्लेख किया है जो उनके व्यक्तित्व तथा उद्देश्य को सहजता से प्रकट करते हैं। उदाहरण के लिए, 'निर्लज्जता' के लिए वे लिखते हैं–"जाँघिया, सिर खुला, ऊँची चोली, दुपट्टा ऐसा गिरता-पड़ता कि अंग खुले, सिर खुला, खानगियों का-सा वेष।"

भारतेन्दु के समय में तकनीकी विकास न होने के कारण मंचों पर प्रकाश-व्यवस्था की मदद से दृश्य में परिवर्तन तथा प्रभाव लाने की सुविधा उपलब्ध नहीं थी। हिन्दी रंगमंच के विकास में सन् 1950 के बाद ही प्रकाश आधारित रंगमंच का विकास हुआ लेकिन भारतेन्दु अपनी कल्पनाशीलता के कारण सन् 1875 में ही इसके आरम्भिक संकेत दे चुके थे। उदाहरण के लिए, जब 'अन्धकार' का प्रवेश होता है,

तब उन्होंने संकेत दिया है कि रंगशाला के दीपों में से अनेक दीप बुझा दिये जायेंगे। हम कह सकते हैं कि सीमित ही सही लेकिन उन्होंने अपनी प्रतिभा और कल्पना से प्रकाश-व्यवस्था के सक्रिय प्रयोग का मार्ग देखा और आगे के लिए इस दिशा में चिन्तन करने का एक नया मार्ग प्रस्तावित किया।

नाटकों के प्रभावशाली प्रस्तुतीकरण में ध्वनि व्यवस्था की भी प्रबल भूमिका होती है। नाटक में संवादों के साथ-साथ पार्श्व-ध्वनियों के प्रयोग से दृश्य के साथ ध्वनि के उचित मेल से उत्पन्न हुई जीवन्तता को दर्शक आसानी से महसूस कर पाते हैं। पार्श्व-ध्वनियाँ नाटक की स्थिति के भावानुसार समायोजित की जाती हैं। इससे दर्शकों के मन पर संवाद और भाव का गहरा प्रभाव पड़ता है। भारतेन्दु के समय पार्श्व ध्वनियों के प्रयोग की भी परम्परा नहीं थी। फिर भी उन्होंने अपनी प्रतिभा और कल्पना से पार्श्व ध्वनियों का सीमित रूप में प्रयोग किया। उदाहरण के लिए, 'अन्धकार' के आगमन और उसके प्रस्थान दोनों स्थितियों में उन्होंने पार्श्व-ध्वनियों का प्रयोग किया है। वह अन्धकार के आगमन पर लिखते हैं, "आँधी आने की भाँति शब्द सुनाई पड़ता है" और उसके प्रस्थान पर लिखते हैं, "नेपथ्य में बैतालिक गान और गीत की समाप्ति में क्रम से पूर्ण अन्धकार और पटाक्षेप।"

भारतेन्दु हरिश्चन्द्र के सामने बना-बनाया मार्ग नहीं था, और था भी तो तत्कालीन परिस्थितियों की आवश्यकताओं के अनुसार पर्याप्त नहीं था। इसीलिए उन्होंने अपना मार्ग स्वयं बनाया। भारतदुर्दशा नाटक न केवल एक साहित्यिक कृति के रूप में बल्कि एक शक्तिशाली रंगमंचीय प्रस्तुति के रूप में भी प्रसिद्ध हुआ। इसकी प्रस्तुति ने दर्शकों में सामाजिक और राजनीतिक जागरूकता फैलाने का काम किया।

रंगमंचीय दृष्टि से, भारतेन्दु का 'भारतदुर्दशा' न केवल अपने समय का महत्त्वपूर्ण नाटक है, बल्कि यह आज भी रंगमंच पर प्रस्तुत किये जाने के योग्य है। इसकी भाषा, पात्र, संरचना और भावनात्मक अपील इसे एक उत्कृष्ट रंगमंचीय कृति बनाते हैं। यह नाटक आज भी उतना ही प्रासंगिक और प्रभावशाली है जितना कि अपने समय में था।

यह बात और है कि रंगमंचीय दृष्टि से 'भारतदुर्दशा' नाटक में कुछ त्रुटियाँ देखी जा सकती हैं, लेकिन इसका अर्थ यह नहीं कि इसका मंचन नहीं किया जा सकता। भारतेन्दु के जीवनकाल में ही लखनऊ, बनारस तथा बलिया में इस नाटक का सफल मंचन किया गया था। आज भी निर्देशक भाषा को समसामयिक बनाकर तथा गीतों में थोड़ी-बहुत काट-छाँट कर 'भारतदुर्दशा' नाटक का सफल मंचन करते हैं।

–प्रशान्त रमण रवि